Pe. FLÁVIO CAVALCA DE CASTRO, C.Ss.R.

DEUS VEM A MINHA CASA

Direção editorial:
Pe. Fábio Evaristo R. Silva, C.Ss.R.
Pe. José Luís Queimado, C.Ss.R.

Conselho editorial:
Cláudio Anselmo Santos Silva, C.Ss.R.
Edvaldo Manoel Araújo, C.Ss.R.
Ferdinando Mancilio, C.Ss.R.
Gilberto Paiva, C.Ss.R.
Marco Lucas Tomaz, C.Ss.R.
Victor Hugo Lapenta, C.Ss.R.

Coordenação editorial:
Ana Lúcia de Castro Leite

Revisão:
Sofia Machado

Diagramação:
José Antonio dos Santos Junior

Capa:
Felipe Marcondes M. Alves

Dados Internacionais de Catalogação na Publicação (CIP)
de acordo com ISBD

C377d   Cavalca, Flávio

    Deus vem a minha casa / Flávio Cavalca. - Aparecida, SP : Editora Santuário, 2023.
    136 p. ; 14cm x 21cm

    Inclui índice.
    ISBN: 978-65-5527-346-5

    1. Cristianismo. 2. Oração. I. Título

2023-1767   CDD 242.3
                                                     CDU 243

Elaborado por Odilio Hilario Moreira Junior - CRB-8/9949

Índice para catálogo sistemático:
1. Cristianismo : Oração 242.3
2. Cristianismo : Oração 243

1ª impressão

Todos os direitos reservados à **EDITORA SANTUÁRIO** – 2023

Rua Pe. Claro Monteiro, 342 – 12570-045 – Aparecida-SP
Tel.: 12 3104-2000 – Televendas: 0800 016 00 04
www.editorasantuario.com.br
vendas@editorasantuario.com.br

Apresentação

Padre Eduardo Catalfo, C.Ss.R.
Reitor do Santuário Nacional

É com imensa alegria que, mais uma vez, temos o imerecido privilégio de apresentar um novo livro do nosso querido Padre Flávio Cavalca de Castro, missionário redentorista. A belíssima obra que temos agora em mãos renova a certeza de que, em todos os momentos e em todas as circunstâncias da vida, Deus vem a minha casa. Mesmo quando a presença divina não é ostensivamente prevista ou anunciada, Deus está presente em nossos lares e no coração humano.

É na simplicidade discreta do dia a dia que a ternura de Deus nos envolve e nos protege. Nas ações singelas e despretensiosas do cotidiano, Deus se faz companheiro, irmão e amigo de jornada. Além de renovar a certeza de que o Senhor sempre nos acompanha, este livro é sobretudo um convite sincero que dirigimos a Deus: queremos que o Senhor visite nossas casas!

A palavra "casa" é literalmente mencionada na Bíblia mais de mil vezes. Para ser preciso, ela aparece 1.160 vezes na Sagrada Escritura. A última vez que a encontramos é no livro do Apocalipse, no capítulo terceiro, versículo vinte: "Eis que estou à porta e bato; se alguém ouve minha voz e abre a porta, entrarei em sua casa e cearei com ele, e ele comigo".

Trata-se aqui de uma passagem muito significativa, no contexto das sete cartas do Apocalipse. Nesse caso específico, esta última carta é dirigida à Igreja de Laodiceia, recordando que a vinda de Cristo é iminente. Deus sempre nos convida a uma amizade íntima. Podemos compreender esse convite para jantar como prefiguração da Eucaristia, que sempre inaugura ou renova nossa amizade profunda com o Senhor. Deus vem a minha casa quando lhe abrimos a porta!

Mas é no livro do Gênesis que a palavra "casa" aparece na Bíblia pela primeira vez. O contexto é vocacional e supõe chamado, eleição e escolha. Ao ser chamado pelo Senhor, firme em sua fé exemplar, Abraão sai de sua terra, de sua família e da "casa" de seu pai e começa sua jornada em busca de uma terra prometida por Deus (cf. Gn 12,1). A vocação de Abraão inaugura um dos principais capítulos na história do Povo de Deus.

Cristãos, hebreus e mulçumanos reconhecem o Patriarca Abraão como seu pai na fé. Na origem da fé abraâmica, estão as três maiores religiões monoteístas do mundo. Há mais de três mil e oitocentos anos, ao sair da "casa de seu pai", Abraão percorre um longo e desafiador caminho. Torna-se um peregrino. É assim que começa a aventura do Povo de Deus. Deus vem a minha casa porque também sou teu povo, Senhor!

A história de Abraão continua. Depois de abrir mão do conforto e da segurança da casa de seu pai, ele aceita o desafio de viver como nômade, na simplicidade de um peregrino que habita em tendas. Na hora mais quente do dia, o Senhor apareceu a Abraão junto ao carvalho de Mambré, quando ele estava sentado na tenda. Deus lhe promete um filho (cf. Gn 18,1-15). Deus vem a minha casa porque sou filho da promessa!

Minha casa é a casa do Senhor!

Não importa tanto se vivo em uma residência luxuosa, em uma tenda improvisada ou em um simples casebre: Deus vem a minha casa porque "o Verbo se fez carne e veio morar no meio de nós" (Jo 1,14). Como ensina uma antiga oração da tradição litúrgica da Igreja, chamada "Sequência de Pentecostes", o Espírito Santo é o "hóspede da alma". Pai, Filho e Espírito Santo habitam nossa casa, nossa mente e nosso coração.

Diversos textos bíblicos do Novo Testamento fazem referências a Jesus que visita, faz refeições, é acolhido e hospeda-se nas casas das mais variadas pessoas. É assim com Mateus, o cobrador de impostos, que se tornou apóstolo (Mt 9,10), com Simão, o leproso (Mt 26,6), com Marta, irmã de Lázaro e de Maria (Lc 10,38), com o chefe da sinagoga chamado Jairo (Mc 5,38), com Zaqueu, o chefe dos publicanos (Lc 19,5), com Simão Pedro, sobre quem Cristo edificou sua Igreja (Mt 8,14), com o fariseu chamado Simão (Lc 7,36) e com tantos outros anfitriões anônimos.

Surpreendentemente, Jesus frequenta a casa de santos e de pecadores. Entre as inúmeras citações dos Evangelhos, uma delas parece chamar ainda mais nossa atenção: Jesus se dispõe, inclusive, a visitar a casa de um centurião romano (Lc 7,6). Comovido, aquele homem não judeu e considerado pagão, confessa ser propriamente indigno de acolher o Senhor.

Nesse episódio, fica claro que o próprio Jesus é surpreendido por tamanha manifestação de fé. Aquele graduado oficial do exército romano acredita que nenhuma distância, nada nem ninguém podem impedir Cristo de realizar sua obra de salvação e de misericórdia. Deus vem a minha casa mesmo quando eu não sou digno de que Ele entre em minha morada! É a ternura e a delicadeza do pregador da Galileia.

A lógica celebrativa e vivencial
do mistério de Cristo

A obra que agora apresentamos fala das razões pelas quais Deus vem a minha casa. Por quê? Como? Em quais circunstâncias, Deus vem me visitar? O livro está dividido em oito capítulos principais: 1. Natal, 2. Deus que nos ama, 3. Quaresma e Paixão, 4. Páscoa, 5. Maria e José, 6. Unidos para sempre, 7. Viver e, por último, 8. Gente de casa. São oito temas distintos, mas interligados entre si de maneira dinâmica.

A leitura do texto não precisa ser necessariamente sequencial. Em vez de ler do começo ao fim, você também poderá percorrer as páginas deste livro iniciando por um capítulo específico, conforme sua preferência. Nesse caso, minha sugestão é que você comece pelo item "Viver".

A linguagem poética do autor surpreende positivamente. As palavras do Padre Flávio transformam detalhes do cotidiano em uma realidade que tem sabor de esperança e de eternidade. Este livro ensina, entre outras coisas, que Deus vem a minha casa porque somente a Ele pertencemos! Em poucas palavras, o autor diz muito sobre o mistério de Deus que vivemos e que celebramos.

Não faltam aqui as melhores características que também encontramos nos demais livros do Padre Flávio Cavalca: elegância no estilo, clareza no jeito de organizar as informações, visão de conjunto na apresentação dos fatos e destacada qualidade literária. O autor nos oferece uma chave de leitura para compreender melhor a sequência celebrativa e vivencial de todos os mistérios da vida de Cristo, seguindo sempre a lógica de cada tempo litúrgico.

Natal

Recuperando o espanto

Quase não prestamos atenção às cores do nascer do sol, ou à montanha que à tarde se debrua de ouro. Talvez porque o espetáculo se repete quase todo dia. Como o Natal que retorna todos os anos, e talvez já não nos provoque como deveria.

O Filho de Deus, Senhor do universo, que começa a existir, a respirar como nós, enfaixado nas dobras da humanidade. Nada de mais incrível poderíamos imaginar, e que nos deixa, porém, bastante indiferentes.

Quem sabe, as próximas semanas de espera podem ajudar-nos a recuperar o espanto diante do nascimento humano do Filho Eterno, que só se explica pelo amor. Olhemos para o que somos, pesemos bem a leveza de nosso ser, e poderemos intuir um pouco a grandeza do favor que recebemos. Deus se faz homem, para de nós fazer deuses, como diziam ousados antigos teólogos. Que nosso espanto se faça alegria.

Bom Natal para você

Você se lembra como demorava tanto a chegar o Natal de nossa infância? E quando chegava, passava tão depressa, muito mais depressa do que a pressa com que agora chega. Pois bem, se compreendo o Natal, posso fazer parar o tempo, em uma pausa que me deixe respirar e saborear a vida. Basta que eu entenda que Natal não é uma data, mas a presença entre nós da Palavra, da Vida e da Luz, como diz João (1,1-14).

A Palavra Eterna, vindo ao tempo, de certo modo o suspende, porque o que vivemos não passa, se o vivemos como começo da eternidade. Qualquer breve momento, qualquer pequeno gesto, tudo tem valor infinito e em um instante me pode fazer feliz, porque vivo da Vida e da Luz.

Bom Natal-Nascimento para você. E que seja toda a vida.

Meu presente de Natal

Nas manhãs de Natal era bonito ver as crianças na sala, ou mais ainda na calçada. À ponta de um barbante, vinha o caminhãozinho vermelho e amarelo. No carrinho de vime, a boneca de olhinhos arregalados. Era uma alegria que nos ensinava aos poucos a alegria do Natal de Jesus entre nós.

Não deixamos de gostar de presentes, e na certa esperamos de Deus algum neste Natal. E certamente virá. Quem sabe um tanto surpreendente e bastante diferente do que esperamos. Nosso Senhor é muito inventivo. E poderá, quem sabe, dar-nos tanto amor que comecemos a amar um tanto mais, e nos leve a nos entregar ao serviço dos outros, sem nada esperar em troca.

Ou, quem sabe, até possa nos dar o maior dos presentes, tomando-nos para si, e ocupando o primeiro lugar em nossa vida.

Cristo está sempre chegando

As últimas semanas de todos os anos trazem-nos de volta o Advento, palavra antiga que significa "chegada". A festa do Natal, com sua magia divina, ocupa toda a nossa atenção. Não podemos, porém, perder a oportunidade de viver mais intensamente um aspecto fundamental de nossa vida.

Somos seres do desejo, sempre em falta, sempre esperando algo que nos venha completar e satisfazer de todo. Estamos sempre a espera de uma vida definitiva e, enquanto ela não chega, esperamos sempre uma renovação nesta vida do dia a dia. Sabemos que esse nosso desejo fundamental, essa nossa espera perpétua só podem ter resposta em Cristo.

Vivamos, então, intensamente o Advento, agucemos nosso desejo de Deus, nossa fome e sede do pão, da luz, da água, do vinho novo que só Jesus nos pode dar.

O presente que eu quero

Você se lembra, e quem não se lembra?, da expectativa ansiosa e gostosa da véspera de Natal? Havia no ar um cheiro diferente de coisas boas que vinha da cozinha, e o cheiro único dos pacotes com laços de fita caprichados. São coisas que não se esquecem.

Pensando no Natal que vem chegando, olho para o mundo ao redor, mundo perto ou mundo longe, e vejo que precisamos de tantas coisas. Coisas necessárias e indispensáveis, que nos ajudem e durem mais que os brinquedos partidos já na manhã seguinte. Paz, compreensão, alegria, saúde, pão e um teto para todos, e a lista é bem maior do que a feita pelas crianças.

E ouço uma mensagem diferente dos anjos do Natal: Presentes? Esses presentes não caem do céu, sem que nós os criemos. São como as bonecas de pano e os carrinhos de carretel que nos mesmos precisamos fazer.

Bom Natal.

Céus e terra encontraram-se

Não sei se o mais certo é dizer que os céus vieram a terra, ou que a terra foi aos céus. O certo é que se encontraram. O Filho de Deus fez-se homem, veio montar sua tenda em nosso deserto. E com isso nossa humanidade pôde ser divinizada, feita participante da divindade da Palavra Divina. Conosco a Palavra aprendeu nosso jeito humano de viver, para que com ela aprendêssemos seu jeito divino de ser.

Todo dezembro é marcado pelo Natal, pelo clima, pelos sentimentos que desperta. E até pelas boas resoluções que se vão impondo a nós. Aproveitemos desse clima de alegria e de esperança, de fraternidade e até de certa inquietação que nos obriga a repensar a vida.

Não podemos desanimar nem ter medo, porque o Cristo está entre nós. Com ele podemos transformar o mundo, a começar por nós mesmos. Podemos fazer do próximo ano tempo melhor, com mais tempo para nós e com os outros, sem tanta pressa e com um pouco mais de paz.

Para você e sua família, sua comunidade e suas iniciativas desejo todas as bênçãos do Senhor. Paz. Bom Natal. Feliz Ano Novo.

Armou sua tenda entre nós

Neste final de ano, pelo menos um pouco de nossa lembrança vai para o presépio, que nos põe ante os olhos um Deus que se faz pequeno, criança, frágil e pobre, muito perto de nós. Que não veio para nenhum templo grandioso, para nenhum palácio de ricos. Veio armar sua tenda entre nós. Não veio estabelecer-se, mas veio participar de nossa vida de andarilhos à procura da pátria. Sempre pronto a desmontar a tenda e partir conosco para onde o Senhor nos quiser levar.

Nossa vida é breve, débil e precária. Cristo não quis ser diferente, nem procurou privilégios. Quis ensinar-nos que, pelo amor, podemos ser grandes, por mais insignificante que seja nossa vida. Ricos com sua riqueza, mesmo nada tendo. Alegres e felizes, ainda que entre lágrimas. Que podemos viver plenamente sem querer fugir da morte.

É Natal, Jesus nasceu. O Filho de Deus veio morar entre nossas tendas. Que bom. Podemos ser felizes, podemos sorrir apesar de tudo.

Natal, mais do que uma festa

Fácil que as emoções e as fantasias acabem falseando nossa percepção da realidade, principalmente das realidades da fé, bloqueando-nos à superfície. As festas do Natal não escapam do perigo. Tantas vezes passam por nossa vida, deixando apenas cascas vazias de noz.

No Natal temos um mistério no sentido forte da palavra: a presença na realidade humana do poder divino que salva e plenifica. Presença do Verbo de Deus que assume nosso modo humano de ser, nossa encarnação no tempo e no espaço, na contingência da cultura e nas flutuações da história. Ao falar disso, Paulo menciona as ideias de rebaixamento, aniquilamento, esvaziamento, fraqueza, servidão, pequenez. Contemplando esse mistério, os teólogos do passado, quando ainda não tinham medo das palavras e das audácias, condensavam em uma frase o pouco, que é sempre muito, que podiam intuir. E diziam: o Filho de Deus fez-se homem para que nós pudéssemos ser deuses. Colocam-nos assim diante da mais clara manifestação do amor gratuito, que amando partilha, transforma e faz feliz.

Isso faz diferente nossa festa.

Diante de seu presépio

Imagino que estou na sala de sua casa ou na igreja de seu bairro. E estou a contemplar o presépio ali armado. Um fundo azul, com nuvens ou estrelas, finge o céu. Uma cabana ou uma gruta, pastores e ovelhas, reis e camelos. Um pouco mais iluminado está o Menino, contemplado por Maria e José. É um conjunto feito de tranquilidade e paz, tanta que quase se pode ouvir o cantar de anjos.

Fecho os olhos e vejo um barraco de favela ou tapera no sertão. Água suja correndo pela frente da porta, magros animais, arbustos amarelados, crianças maltrapilhas, homens e mulheres que não sabem como chegar até amanhã, um céu enfumaçado. Um presépio muito triste.

Não foi para isso ser assim que o Filho de Deus se fez gente como nós. Veio para que tenham paz os que Deus ama, e ele ama a todos. Por isso, ao contemplar seu presépio, não posso deixar de pensar no que devo fazer para que o Natal seja um Natal para todos.

Diante do presépio escuro

Todos os presépios são iluminados. Sejam os dos grandes pintores, sejam os presépios das figueiras de Taubaté. Há sempre algum raio de luz que desce do céu, ou se irradia do cocho onde está o Menino, ou vem de uma lâmpada fraca, de luz amarelada, escondida por uma estrela de papel-alumínio. É sempre um ambiente aconchegante.

O presépio de Belém era diferente, nada tinha de poético, porque presépio, no sentido próprio, é abrigo de animais. Luz? Apenas uma lanterna trazida por José, e a luz que brilhava em seus olhos e nos de Maria. Os do Menino ainda estavam fechados. Nenhum brilho, nem anjos luminosos a cantar. Apenas os pastores vieram, eles a quem ninguém dava importância. Presépio escuro, desprovido, pobre. Tão pobre que sua pobreza só podia ser a pobreza de um Filho de Deus, Senhor do universo.

Deus que nos ama

Como se fosse mãe

Toda a Bíblia é uma longa história de Deus que se revela à humanidade. Ele usa todos os recursos da linguagem para nos fazer compreendê-lo um pouco que seja. Nas palavras do profeta Isaías (Is 49,15), o Senhor, tentando mostrar-se como é, compara seu amor ao amor de mãe. Não sei se alguma outra comparação bíblica é mais profunda e mais terna que essa.

Mãe, que é mãe, é mulher capaz de tudo pelo filho, pura e simplesmente porque ama. Por isso mesmo é que Deus quis manifestar-se como mãe, porque nos ama sem nenhum outro motivo a não ser seu amor.

Hoje e mais vezes, lembrando-me de você que é mãe, deixo de lado outras ideias, e só lhe digo que você é muito importante para todos nós. Você pode ajudar-nos a penetrar um pouco mais nesse mistério de amor e compaixão que nós chamamos de Deus.

Um coração como o nosso

No mês de junho temos a festa do Sagrado Coração de Jesus, e em muitos lugares ainda se fazem atos especiais de devoção. Quando falamos do Sagrado Coração, tradicionalmente pensamos no imenso amor do Filho de Deus, que por amor se fez participante de nossa vida humana. Ele nos ama, não apenas com um amor divino, mas também com um amor humano, marcado pela mesma intensidade de sentimento e afeto que caracteriza nosso amor. Sente como nós, vibra, comove-se e alegra-se. Ressuscitado e glorificado junto do Pai, continua sendo gente como nós.

Talvez, precisemos superar uma religiosidade muito fria e distante, e recuperar, sem cair no sentimentalismo, uma vida religiosa que abra espaço também para o sentimento, o afeto e talvez até para um pouco de poesia.

Se acreditamos que o Filho de Deus assumiu nosso modo humano de ser, temos de viver nossos relacionamentos com Deus abrindo espaço também para festa, entusiasmo, cores, afetos e ritmos.

O coração humano de Deus

Temos de nos lembrar sempre: o Filho de Deus participou de nossa humanidade, e por toda a eternidade continua homem como nós. Ele continua a nos amar com seu amor divino e seu coração humano. Sua misericórdia conosco é a infinita misericórdia divina e a terna misericórdia do mais bondoso coração humano.

Ressuscitado e na glória junto do Pai, continua a nos considerar não como servos, mas como amigos (Jo 15,15). Conhece, porque os experimentou, nossos medos, cansaços, nossas expectativas, surpresas, alegrias e tristezas.

Isso nos leva a falar com ele e a pedir-lhe ajuda de um modo todo novo. Como jamais teríamos coragem de falar com Deus, se o Filho não se tivesse feito humano para estar em nós.

Deus ama como nós

O Filho de Deus, a Palavra Eterna, encarnou-se para viver nossa vida, para viver de nosso jeito. Aceitou nossas limitações naturais e também o que de melhor existe em nós. Conheceu como podemos conhecer, sonhou nossos sonhos de crianças e de adultos. Experimentou nossos afetos e nossas alegrias, sorriu, encantou-se com o arco-íris nas asas de passarinhos, teve medo e retraiu-se diante da dor, provou a tristeza e chorou. Mas principalmente o Filho de Deus amou de nosso jeito de amar. E quanto amou, colocando em nosso jeito de amar todo o jeito infinito de amar de um Deus. Deu a seu coração humano a mais ampla capacidade de amar, a misericórdia mais extrema, a ternura mais delicada que se possa imaginar.

Ao reconhecer Jesus como Deus, não podemos esquecer que também é homem. Ao falar de seu amor divino, infinito e gratuito, lembremos que também nos amou como Jesus de Nazaré, filho de Maria, com todos os matizes que pode ter nosso amor humano. Pense nisso na festa do Sagrado Coração de Jesus.

Coração da humanidade

Na linguagem bíblica, e também em nosso modo de falar, *coração* é o que de mais íntimo existe em nós, de onde partem nossas decisões, nossos amores e nossos ódios. Assumindo a vida humana, o Filho de Deus assume todo o nosso modo humano de ser. Desejou e deseja, sentiu e sente, amou e ama como nós. Salva nossos desejos, nossos sentimentos, nosso amor. Abre-nos assim possibilidade de vida nova, na liberdade e na bondade.

Seu *coração* divino e humano torna-se o *coração* de toda a humanidade. É centro de convergência e reconciliação, fonte de renovação de onde flui a força para vencer o mal e semear um futuro diferente.

Porque o Filho de Deus vive nossa vida, seu coração bate em uníssono com o nosso, na esperança de dias melhores e de eternidade feliz. Isso dá valor novo e definitivo a todos os nossos desejos, trabalhos, sonhos e amores.

Nosso bom Jesus

Em 6 de agosto a liturgia celebra a Transfiguração de Jesus, a manifestação de sua glória como Salvador. No Brasil, geralmente nesse dia festejamos o Bom Jesus sob tantos títulos.

Em vez do Jesus luminoso do Tabor, vemos o Jesus crucificado, ou o Jesus insultado e flagelado. É o Bom Jesus, mais perto de nós, mais capaz de nos compreender, com um toque de ternura.

As marcas do sofrimento ficam em segundo plano, e aflora o amor que se mostra no rosto tranquilo, nos olhos que nos fitam, ou ligeiramente abaixados como em um aceno de carinho.

Não sei se outros povos têm também seu "Bom Jesus", mas nós o temos, e não podemos deixar que nosso cristianismo perca esse toque de sentimento, de comprometimento pessoal, de manifestação quase chocante da bondade do Filho de Deus em um rosto humano e marcado pelo desamparo.

Jesus sempre entre nós

Perguntei uma vez a um irmão evangélico: Se Jesus quisesse, poderia ficar presente na Eucaristia? Pensou um pouco e respondeu: Sim, sem dúvida. Mas não vejo porque o faria.

Por que gostamos de estar com as pessoas que amamos? Por que quanto mais perto e mais tempo melhor?

Jesus tinha muitos motivos para querer estar conosco na Eucaristia. Mas vamos ficar só com este: Ele nos ama. Depois de sua morte, fez questão de estar entre seus amigos, não só para os confirmar na fé. Não se contentava com estar presente espiritualmente entre eles.

Também não queria estar conosco apenas espiritualmente. Queria uma presença que, o mais possível, contentasse sua e nossa necessidade de presença da pessoa amada. Ele fez tudo para estar presente entre nós de um modo especial. Resta ver até que ponto é importante para nós estar com ele.

Ele está no meio de nós

Na liturgia ouvimos sempre a saudação "O Senhor esteja convosco!" No Brasil, que bom, nossa resposta é "Ele está no meio de nós!", e não, como em outros lugares, "E contigo também!"

Não apenas desejamos que o Senhor esteja conosco. Temos certeza e proclamamos um fato que dá sentido a nossa vida: Jesus está entre nós, ele nos acompanha, participa de nossa vida e nos faz viver de sua vida.

Esse é para nós o significado da Páscoa. Não vivemos de um passado, que procuramos lembrar. Vivemos de um presente. Não de uma ideia, mas de uma pessoa. Jesus está no meio de nós. Isso é que importa, e nos dá alegria e coragem. Ele nos compreende e para ele somos importantes. Porque nos ama acompanha cada um de nossos passos, na alegria e na tristeza. Ele não nos abandona, nem quando quase nos esquecemos dele.

Com o coração humano

Tudo nos fala da bondade de Deus, que é pai e nos ama infinitamente mais do que as mães seriam capazes. É, porém, na pessoa de Jesus que mais claramente se manifesta para nós a misericórdia bondosa do Pai.

É difícil para nós imaginar a ternura do Pai por nós. Pois ele é tão diferente. O amor de Jesus nós o podemos compreender um pouco mais. Conhecemos como ama nosso coração, os sentimentos que tomam conta de nós quando amamos alguém. Pois é mais ou menos assim que o Pai nos ama com o coração humano de Jesus, seu filho e nosso irmão.

Em Jesus, com seu coração humano, o Pai ama-nos com um amor cálido e vibrante, terno e apaixonado. É todo misericórdia para nós, em um amor entranhado e comprometido, fiel e incondicional.

Em Jesus temos um Deus com coração de homem e de mulher... Que bom.

Chamados para amar

Não somos filhos do acaso. Existimos e vivemos porque fomos amados por Deus, desde sempre, cada um de nós pessoalmente, destinados à felicidade, à participação na vida divina. O Senhor conhece a cada um de nós, sobre cada um tem seu plano de amor, seus caminhos. A cada um reserva uma tarefa, que ninguém mais poderá cumprir em nosso lugar. Por amor dele recebemos todos os dons que temos, todas as nossas potencialidades.

Criados por amor, somos chamados para o amor. Em primeiro lugar para o amor a Deus, pelo que ele é, pelo que nos fez e nos oferece. Amá-lo, viver participando de sua vida divina para sempre será nossa suprema realização, nossa felicidade completa. Criados por amor, somos chamados ao amor a toda a obra do Criador, mas de modo especial somos dotados e chamados para o amor a nossos semelhantes. Faz parte de nossa felicidade e da felicidade deles a vida em união de amor fraterno ou de amor conjugal, paterno e materno.

A medida de nosso amor é não ter medida, como o amor com que o Senhor nos criou, escolheu e chamou. Não existe outro caminho para a felicidade.

Carnaval de Deus

Para nós, Deus é principalmente poderoso e justo. Quase nunca, porém, lembramo-nos de dizer que Deus é alegre. Sumamente alegre e feliz em si mesmo, alegra-se até com suas criaturas: "Seja para sempre a glória de Javé, alegre-se Javé em suas obras" (Sl 103,31).

Ao nos convidar a ser participantes de sua vida divina, por nossa união com Cristo, convida-nos também a participar de sua alegria agora e na eternidade. Vivamos, então, a alegria já com os bens de agora, que são tantos: viver, conhecer, amar, cantar, paternidade e maternidade, saborear e sentir, e tantas outras alegrias. Vivamos essas alegrias, agradecidos e confiantes, sabendo que muito mais ainda nos espera na grande festa que ele prepara para nós. Com muito mais brilho, animação e alegria do que poderemos jamais imaginar. Alegre-se, irmão.

Quaresma
e Paixão

Com Cristo seremos os vencedores da morte

Vamos fazer uma caminhada da Quaresma para a Páscoa. Esse tempo, como nossa vida, tem duas faces, que bem podem ser também duas fases: sombra e luz, escravidão e libertação, morte e vida, quaresma e páscoa. Esta é oportunidade para tomar consciência de nosso pecado e de nossas limitações, reconhecendo que por nós mesmos não nos podemos libertar. Sem o reconhecimento dessa realidade, não tem sentido dizer que Jesus é nosso salvador.

Se quisermos chegar à Páscoa, temos de passar pelo Calvário. É vivendo como Jesus cada fase de nossa vida humana que poderemos participar de sua vida divina. Por maiores que sejam as dificuldades, não nos podemos deixar vencer pela tristeza. Isso seria uma ingratidão para com o Senhor, que nos libertou para que tivéssemos vida e alegria. Foi para isso que passou pela agonia no horto, pela cruz e pela morte, mas também pela alegria e vitória da ressurreição. Boa Quaresma, boa Páscoa para você.

Quaresma, tempo de renovação

Desde os anos trezentos tornou-se comum na Igreja o costume de consagrar à conversão e renovação essas seis semanas antes da Páscoa. Houve tempo em que se insistia muito nas austeridades do jejum e da abstenção de certos alimentos; hoje nem tanto. Isso poderia ser o resultado da diminuição do fervor religioso, ou da mudança de foco na concepção do cristianismo. Sou mais da segunda opinião.

Na Quaresma temos oportunidade para aprofundar nossas opções cristãs fundamentais. Será oportunidade para crescer ainda mais na participação da vida da Trindade. Oportunidade para assumir mais intensamente nossas responsabilidades com o próximo, cuidando de ajudá-lo a seguir Jesus, mas também tudo fazendo para que tenha vida digna e feliz. Quaresma é deixar que Deus nos faça melhores.

Morrer para viver

A Semana Santa é oportunidade para relembrar e meditar as últimas horas de Jesus. Devemos concentrar-nos principalmente em sua atitude de entrega total nas mãos do Pai.

"Aquele que quiser salvar sua vida, irá perdê-la; mas aquele que sacrificar sua vida por minha causa, recobrá-la-á" (Mt 16,25). O caminho para a vida e a felicidade é nossa entrega total ao Pai, colocando-o em primeiro lugar, fazendo da obediência a ele nosso supremo objetivo. Foi essa a atitude de Jesus durante toda a sua vida, foi o que viveu até seu último instante na cruz: "Gritando com voz forte, Jesus disse: – Pai, em vossas mãos entrego meu espírito. Dizendo isto, expirou" (Lc 23,46).

Em nossas meditações sobre o sofrimento e a morte de Jesus, mais do que sentimentos vamos aprofundar nossa atitude de entrega completa e confiante nas mãos de Deus, colocando-o em primeiro lugar em nossa vida.

Cinzas: tristeza ou renovação?

Se não tomamos cuidado, as cinzas da Quaresma trazem-nos um quê de tristeza e seriedade ao rosto. Como se significassem o fim da alegria, e a condenação de nossos pequenos consolos.

Cinza é o que sobra das ilusões desmascaradas, é a poeira estéril dos desvios enganadores. Em cinza terminam as coisas que não valem a pena, que não trazem vida. Cinza é o que nos sobra nas mãos, se não vivemos a Vida.

Quaresma não é renúncia a qualquer valor, mas é descoberta dos valores que valem e duram quando tudo se faz cinza.

Não precisamos colar ao rosto um ar solene e austero. Basta que levemos a sério a vida, e a vivamos na contínua busca da mais vida e do mais amor, à luz da Páscoa.

Quaresma para pensar

A palavra "quaresma" vem do latim e significa "período de quarenta dias". Mas isso não tem importância. O que importa é que aproveitemos esses quarenta dias para parar um pouco, pensar e examinar como estamos vivendo. Isso é mais útil do que fazer alguma "penitência", deixando de comer doce ou coisas assim. Podemos seguir um roteiro simples:

Primeiro, perguntar como deve ser minha vida? Que me diz minha razão? Que me diz a experiência humana? Que me diz a Palavra de Deus?

Segundo, como estou vivendo de fato, quais os pontos positivos e os negativos?

Terceiro, como vou viver de agora em diante, que decisões preciso tomar?

Sem esquecer de pedir a ajuda divina e também dos irmãos. Essa poderá ser uma preparação muito boa para a Páscoa, não apenas para a celebração, mas também e, principalmente, como renovação de vida.

Que não sejam cinzas inúteis

Os símbolos e ritos são valiosos quando têm um sentido para nós e nos levam a assumir atitudes de vida.

No início da Quaresma, na Quarta-feira de cinzas, se participamos da liturgia, vivamos plenamente o momento. Reconheçamos nossa limitação, a brevidade da vida aqui, a futilidade de nossas ilusões. Reconheçamos que sempre estamos precisando de conversão, de volta, de reorientação de nossa vida.

O mais importante, porém, é que vivamos a Quaresma à luz não de cinzas e negações, mas iluminados pela certeza da ressurreição de Cristo e na esperança de nossa própria vida renovada. Não fomos criados para ser pó e cinza, mas para ser vivos à semelhança do Deus Vivo.

Ele não nos pede compaixão

Cristo, que conhece todo o sofrimento da humanidade, não nos pede compaixão por suas dores.

Assumiu toda a nossa realidade humana para nos tornar possível passar por essas mesmas agruras, maiores ou menores, decorrentes de nossas fragilidades naturais ou de nossas maldades. Suportou a rejeição e a injustiça, para nos tornar capazes de tudo fazer por um mundo mais justo e mais fraterno.

Todo ano relembramos sua morte e ressurreição, para renovar nosso compromisso com ele e com os irmãos. Por isso mesmo nossa "semana santa" não é de luto ou lamentação, mas uma longa vigília da ressurreição, do Cristo ressuscitado e do mundo novo em que podemos viver.

Carnaval e Cinzas

Podemos até nos sentir incomodados com essa justaposição de Carnaval e Cinzas neste mês de fevereiro. Mas se pensamos um pouco, vemos que na vida, e também na vida cristã, oscilamos sempre entre festa e luto, cantos e silêncio, réquiens e aleluias, quaresmas e páscoa.

O importante é que saibamos viver essa alternância, vivendo as riquezas e os valores de cada momento. Aliás, o próprio Jesus fala do saber viver a festa de casamento e os tempos de jejum (Lc 5,34).

Jesus convida-nos a viver bem os momentos de alegria e descanso, de trabalho e oração, de festas e luto. De cada momento podemos fazer ato de louvor e adoração. O decisivo mesmo é o amor obediente com que nos colocamos nas mãos do Pai, e à disposição dos irmãos.

Nossa Semana Santa

A última semana de Jesus começou com a ceia na casa dos irmãos de Betânia e a acolhida festiva em Jerusalém. Houve depois o agravamento da oposição dos que não o aceitavam, as negociações de Judas para o trair. A última ceia, a tristeza diante do fim que se aproximava, a prisão, a condenação, a morte, o enterro.

Nossa vida também é mais ou menos assim. Cheia de dias que parecem não ter importância, pequenas alegrias e pequenas tristezas, acolhidas e incompreensões, desenganos e angústias. E depois a morte, a sepultura. Seria triste nossa vida se não tivéssemos a esperança, ou melhor, a certeza da ressurreição, da vida nova.

A de agora não é a vida definitiva, é apenas passagem, serve apenas para atiçar nossa sede de conhecimento, felicidade e amor. Não é essa vida que esperamos retomar depois da morte. Esperamos a vida plena, sem limites, participando por Cristo na vida da Trindade, podendo ver sem névoas Deus e os irmãos, podendo amar de todo o coração e sendo amados como sempre sonhamos, sem lágrimas nem despedidas.

Podemos dizer que agora vivemos uma semana-santa na alegre expectativa do eterno Domingo de Páscoa.

Quaresma, tempo de crescer

Tradicionalmente, a Quaresma é tempo de renovação e crescimento. Por isso mesmo é também tempo de esforço. Se queremos crescer na vida nova de união com Cristo, temos de fazer um esforço continuado e sistemático para desenvolver as capacidades novas que recebemos e para eliminar ou controlar as más tendências que ainda carregamos.

– Façamos um exame sincero de nossa vida, anotemos pontos positivos e negativos.

– Escolhamos um ponto concreto e decidamos o que vamos fazer para crescer ou mudar. Como vamos fazer? Quando?

– Cada dia, ou pelo menos cada semana, façamos um controle do caminho andado.

– Conversemos sobre isso com Deus, pedindo ajuda, agradecendo o avanço ou pedindo perdão dos recuos.

Essa é a receita tradicional para crescer na vida espiritual. Os antigos chamavam esse caminho de *ascese*, palavra grega que significa: exercício, esforço, treino. Paulo (1Cor 9,25) diz: "Todo atleta priva-se de tudo; mas eles é para obter uma coroa perecível; nós, uma imperecível. E é assim mesmo que eu corro, não ao acaso; é assim que dou golpes, sem ficar golpeando o ar".

As estações da vida

Este mês é marcado pela Quaresma, que vem pouco depois das festas de fim e de começo de ano, das férias e dos lazeres. Alegria e seriedade, reflexão e descontração, trabalho e folga, são estações que se vão alternando em nossa vida. Precisamos disso, dessa variação que evita a rotina, que nos ajuda com novos recomeços a manter a caminhada mais firme.

O tempo da Quaresma poderá ajudar-nos a relembrar as propostas de Cristo, fazer uma revisão em nossa vida para reforçar o que houver de bom e consertar o que não estiver bem e tomar as decisões convenientes. Tradicionalmente, a Quaresma é marcada pelas ideias de oração, jejum e esmola. É tempo de oração, de contato mais intenso com Deus, de diálogo mais comprometido e de reflexão mais séria. Jejum vem a ser nosso esforço para nos concentrar no que realmente importa, sem nos prender em ilusões. Tempo de esmola ou, em nossa linguagem atual, tempo de partilha mais generosa, de atenção redobrada às necessidades de nossos irmãos de perto e de longe.

Vamos tentar viver intensamente essa estação, esse tempo, e que Deus nos ajude a amadurecer.

Quaresma para mudar

A Quaresma está começando, tempo de preparação para a festa da Páscoa. Nas leituras e pregações iremos encontrar muitas vezes os temas da penitência e conversão.

A palavra *penitência* indica o pesar e o desgosto pelo mal cometido. Procura traduzir uma palavra dos Evangelhos que, no original grego, significa *mudança de ideia*, mudança nos valores e objetivos de nossa vida. Já a palavra *conversão* indica a mudança de orientação da vida e do procedimento.

Para isso precisamos da ajuda divina, que nos leve a reconhecer nosso erro e a querer mudar, e também nos dê força para mudar de fato. Essa ajuda divina é dada a quem a pede. Nossa Quaresma tem de ser tempo de oração e de escuta da Palavra de Deus.

Para tudo isso, temos a Liturgia da Quaresma, com suas orações e leituras da Bíblia. Mas temos também a ajuda das devoções tradicionais para esse tempo, por exemplo as procissões e as vias sacras. E não vamos perder os programas especiais no rádio e na TV.

A vida no giro de uma semana

Os dias da Paixão e da Páscoa falam-nos profundamente porque, de certo modo, retratam nossa vida, a vida que o Filho de Deus quis viver. Acolhida alegre na descida do monte das Oliveiras, os momentos intensos da ceia com os discípulos, prisão, julgamento, crucifixão, sepultura, ressurreição, reencontro, volta ao dia a dia.

Não aguentaríamos viver eterna sexta-feira-santa, nem eterna manhã de páscoa. Deus bem que nos conhece, por isso nossa vida é sempre surpresa, variação, pausas, avanços e recomeços.

Para ser o que Deus espera de nós, para chegar à maturidade de Cristo, só nos resta viver intensamente todas essas etapas, sem tentar imobilizar a vida. Sem saltar nenhuma etapa, pois cada uma nos modela a seu jeito, deixando as marcas e os traços necessários para sermos o que devemos ser. Até que esteja completa a obra que poderemos apreciar por toda a eternidade. Sem mudanças, na eterna novidade da paz.

Páscoa

A ressurreição de cada dia

Acreditamos que Jesus venceu a morte e está vivo entre nós. Acreditamos que ele nos une a si e nos faz participantes de sua vida divina. Podemos assim dizer que ressuscitamos com ele, porque nascemos para uma vida divina. Ressuscitamos com Cristo, por isso temos de viver com Cristo. É preciso afastar de nós tudo que diminui essa vida divina e impede seu aprofundamento. É preciso um esforço contínuo para corresponder a sua graça que nos atrai e impele para o crescimento.

À espera da ressurreição futura, vamos viver a ressurreição de agora, em todos os momentos, em todas as possibilidades da vida de agora. Ressuscitemos, reergamo-nos para avançar cada dia pelos caminhos por onde nos leva o Senhor.

Cristo ressuscitou: alegremo-nos e ressuscitemos com ele. Aleluia.

A vida com gosto de Páscoa

Gosto de Páscoa é a esperança alegre que nasce da fé. Jesus venceu a morte, está entre nós, partilha conosco sua vida divina e sua felicidade, por isso tudo tem um sentido novo para nós. Pode parecer que a vida é a de sempre, com suas pequenas alegrias e muitas decepções. Mas para nós é diferente. Porque Jesus vive conosco, cada instante tem valor de eternidade, as cruzes são mais leves, as alegrias mais gostosas e duradoras.

Se provamos o gosto da Páscoa, o gosto da ressurreição, ele continuará em nossa vida, como certos gostos fortes que não nos deixam. E toda a nossa vida terá um tempero diferente e mais marcante, daquele sal de Cristo, que afasta a tristeza e o desânimo, faz doce o amargo, e válidas eternamente nossas pequenas e fugazes alegrias.

Quero saborear a Páscoa e a vida.

Mensageiros da vida nova

Os discípulos e as discípulas de Jesus renderam-se afinal à certeza e à alegria da ressurreição do Mestre. Não apenas ele estava vivo, mas vivia uma vida nova, sem as limitações terrenas. Compreenderam que podiam esperar a mesma vida nova, a vida para sempre de que ele falara tantas vezes. Não começaram, porém, a viver só da esperança dessa vida futura. Aprenderam, do Espírito, que já agora podiam viver uma vida nova na liberdade, no amor e na verdade.

E, cada um a seu jeito, todos partiram para anunciar essa vida nova na alegria e na paz. Vivemos ainda hoje da mensagem que nos passaram, mensagem que nós também temos de passar adiante, mais com nossa vida do que com palavras. Existe esperança, a felicidade é possível, a justiça não é um sonho porque Jesus está vivo, venceu a morte e é nossa vida.

Irmão, irmã, é Páscoa. Vivamos a vida.

Jesus o que vive e nos faz viver

Talvez, a festa da Páscoa não tenha para nós o mesmo apelo afetivo que outras, como o Natal, por exemplo. Mas, na Páscoa, não estamos celebrando uma lembrança, algo que já se foi e que procuramos não esquecer.

Na Páscoa vivemos o que vivemos todo dia, se é que somos cristãos. Vivemos, festejamos, saboreamos a presença de Jesus entre nós. Alegramo-nos com sua presença, com sua atenção, pela companhia que nos faz. Olhamos para ele, o que vive entre nós, e nos faz viver, e tudo se torna mais claro e mais simples para nós. Não *lemos* suas palavras, mas *ouvimos* sua voz e *escutamos* o que nos diz.

Páscoa é vida, é presença, esperança e certeza. Porque Jesus ressuscitou e está de pé, tudo é novo para nós, tudo é possível, tudo está garantido.

Feliz Páscoa para nós!

A maior festa cristã

A festa é sempre um momento importante na vida, também na vida religiosa. Toda festa atualiza o passado, celebra o presente, projeta para o futuro. A festa da Páscoa é por isso muito importante para nós, é a maior de nossas festas.

Na festa da Páscoa, recuperamos o sentido de nossa vida: com Cristo e por ele nossa vida é passagem para a vida nova, eterna, na felicidade de nossa plena realização.

Não festejamos uma lembrança, de que nos recordamos saudosos, nem nos alegramos por algo que já se foi. Festejamos o presente, o Cristo ressuscitado que está entre nós e nos levanta para uma nova vida de liberdade e paz.

E olhamos para o futuro, o imediato que temos de construir com Jesus, o mundo humano que Deus imaginou, e o mundo novo, a nova terra, a vida definitiva na união, no amor e na alegria sem limites, mergulhados na vida da Trindade.

Boa Páscoa para você.

Bom dia, Jesus está vivo!

Imagino que essa era a saudação dos discípulos e das discípulas na manhã do primeiro dia da semana. E, certamente, essa é a saudação mais apropriada para nós que seguimos Jesus.

Ao dizer bom dia, ou boa noite, não estamos apenas fazendo uma saudação convencional. Porque Jesus está vivo, porque está entre nós e estamos unidos a ele, podemos abençoar o dia e a noite de nossos irmãos, oferecer-lhes apoio, amor, felicidade.

Que bom, Jesus está vivo e está entre nós. Isso muda tudo em nossa vida e dá sentido a tudo que fazemos. Nossa vida é caminhada para uma vida mais justa e mais feliz agora, à espera da vida definitiva, quando tudo se tornará claro, novo, sem dores nem medo da morte.

Bom dia, irmã, bom dia, irmão. Jesus está vivo!

Ressuscitados para vida nova

Nas semanas depois da Páscoa, a Liturgia leva-nos a aprofundar as propostas de Jesus para uma vida nova. Para nós tudo terá de ser diferente, se acreditamos que estamos unidos a Jesus, participando de sua própria vida divina.

Aparentemente nossa vida será como a de todos. Como todos falamos, trabalhamos, amamos, descansamos e tudo o mais. Tudo isso, porém, nós o fazemos de um jeito diferente, movidos interiormente pelo poder de Jesus, participando de sua vida divina. Por isso é que também podemos mudar a realidade, transformando-a por dentro, fermentando e salgando, como disse Jesus.

Se quisermos um exemplo e uma ajuda para essa caminhada, olhemos para Maria, a mãe de Jesus. Sua vida foi discreta e oculta, desconhecida pelos importantes de seu tempo. Mas sua presença foi e continua decisiva na salvação da humanidade. Não por ela mesma, mas por sua união íntima com seu filho Jesus. Ela pode e quer ajudar-nos a ser instrumentos cada vez mais adequados para que o Reino se torne realidade entre nós. Peçamos que interceda por nós, para que nossa vida seja sempre mais uma revelação da bondade e do poder de Jesus.

Páscoa, festa da vida

Na liturgia, o Tempo da Quaresma é um tempo de purificação e reflexão. A Semana Santa convida-nos a não apenas relembrar a morte de Cristo, mas a participar de sua morte. Com ele, morremos para o pecado, e ressuscitamos para a vida nova. Ele nos faz seus irmãos e suas irmãs, participantes de sua vida, filhos e filhas do Pai dos céus.

Por isso mesmo, esse tempo logo depois da Páscoa deve ser para nós o tempo da vida nova. Temos de alegrar-nos com o dom recebido, festejar a bondade de Deus e nossa felicidade. É tempo de redescobrir a alegria e o otimismo que deve marcar nossa vida cristã. É tempo de dar asas à esperança, de olhar com mais coragem o mundo que nos cabe conquistar para Cristo.

Como as mulheres que se encontraram com Jesus ressuscitado, também nós precisamos sair pelo mundo afora, a anunciar para todos que Jesus vive e está entre nós. Somos anunciadores, mais, somos portadores de vida e de futuro. Com Cristo podemos salvar o mundo, prepará-lo para a grande festa da ressurreição futura.

Maria e José

Aquela tarde diferente

Era uma tarde de outubro, que prometia ser como todas. Mas pelo trilho que vem do rio vinham subindo os que foram pescar. Trazem fieiras de peixes mais pesadas que as de sempre, mas principalmente trazem um volume envolto em velho pano desbotado. Elas saíram à porta, as crianças também. E a tarde ficou diferente quando viram, nas dobras desfeitas, a imagem morena da Senhora da Conceição, aparecida e colhida nas águas do rio.

Foi há tanto tempo, mas parece que foi ontem, porque as tardes e manhãs continuam diferentes com a chegada de tanta gente, que vem depositar suas preces ao Senhor no coração da mãe de Jesus.

As tardes e manhãs de Aparecida continuam diferentes, porque são tardes e manhãs a iluminar o coração de gente que veio à procura de consolo, de força, de reconciliação e alegria. De alegria que põe reflexos dourados na Mantiqueira lá no horizonte.

Estrela do mar

Pelo menos desde o século treze encontramos marinheiros e viajantes que invocavam Maria, que os protegesse nos perigos e nas tempestades. Invocavam confiantes a guarda daquela que chamavam de Nossa Senhora da Boa Viagem, Nossa Senhora dos Navegantes ou Nossa Senhora Estrela do Mar. Dois de fevereiro é o dia em que viajantes e trabalhadores do mar invocam sua proteção.

De um modo ou de outro, todos somos viajantes no mar da vida, batido tantas vezes por vagalhões e duras tempestades. Muito bom saber que Maria, a mãe de Jesus, ora por nós, para não perdermos o rumo e para que nosso barco flutue sempre. Como os antigos, podemos dizer que ela é a "Estrela do Mar", ponto de luz nas trevas, que nos mostra para onde ir de volta para casa.

Ainda no começo da viagem deste ano, voltemos para ela nosso olhar em num momento de prece.

Se os três pescadores vissem

Tanto tempo de 1717 até hoje. Que diriam os três pescadores, que encontraram a imagem da Senhora da Conceição no Rio Paraíba, se vissem hoje o Santuário de Aparecida? Não imagino o que mais chamaria sua atenção, se a grandiosidade da basílica, se o número de peregrinos a fé alegre dos cantos e das orações. Nada disso podiam imaginar quando subiram do rio, com a pequena imagem embrulhada em panos de limpar canoa.

As coisas de Deus surpreendem sempre, mas sempre começam pequenas e hesitantes. Não podemos deixar de nos perguntar qual será o futuro do que vivemos hoje, e que podemos fazer para que seja muito melhor. É responsabilidade não só dos que atuam no santuário, mas também de cada um de nós peregrinos. Importa muito a herança que passaremos para os futuros devotos da Senhora da Conceição Aparecida.

Maria, a cuidadosa

No último dia de maio temos a lembrança da visita que Maria fez a Isabel, sua idosa parente. Sabemos que a mãe de Jesus é uma pessoa especial, e que já era especial enquanto aqui vivia. Ela é a que Deus mais amou e enriqueceu com dons não concedidos a ninguém mais. Hoje, porém, não penso nesses dons, e vejo Maria apenas como a mulher que sabe cuidar dos outros.

Soube que Isabel esperava um filho. Naquela idade, como iria enfrentar a situação, quem a ajudaria, quem iria cuidar de Zacarias? Não ficou a fazer perguntas. Juntou suas coisas e foi para o alto das serras.

Fez tudo que precisava ser feito, teve tempo até para longas conversas. Não teve pressa, ficou enquanto era útil e havia o que fazer.

Santa Maria, a cuidadosa, pedi que o Senhor me faça sair de mim mesmo, ter mais tempo para os outros, e não ficar dizendo que alguém deve fazer alguma coisa enquanto é tempo.

Maria, a mulher feliz

No texto de Lucas (1,48), em grego e latim, Maria diz em seu cântico: "Todas as gerações agora me chamarão de feliz, porque o Todo-poderoso fez grandes coisas em meu favor". E ela o podia dizer, porque se sentia intensamente feliz, contente, satisfeita, alegre. Sabia que era imensamente amada por Deus, favorecida e agraciada em todos os sentidos. Sem nenhum merecimento seu, por pura misericórdia. E isso a fazia ainda mais agradecida e feliz, tudo recebendo alegremente do Senhor. Sabia-se pequena, mas grandemente amada e querida. Por isso cantava alegre sua gratidão.

Também nós somos felizes, tão amados e agraciados por Deus. Sejamos, então, alegres; louvemos o Senhor, e que todos possam ver em nós o quanto ele é bom.

Quanta coisa mudou

Desde 1717, quanta coisa mudou. Não há mais a estrada poeirenta do Itaguassu, as casinhas de sapé, as tropas de romarias, a capela rústica entre os coqueiros do morro. Quanta coisa mudou.

Mas o cuidado da Senhora da Conceição Aparecida por nós continua o mesmo. E continua o amor dos simples por ela, e se fez muito mais volumoso o rio de gente que vem procurá-la, a ela que as redes acharam nas águas antes sem peixes.

Paro e fico olhando a procissão que passa, das peles de todas as cores, de caminhantes de todas as idades, cantando ou chorando, mas, apesar de tudo, trazendo um sorriso de confiança esperançosa nos cantos dos lábios. E tenho certeza de que continuaremos caminhando sempre, pés no presente e olhar no futuro, porque ela caminha conosco, a Senhora da Conceição Aparecida. Nada mudou.

A dor de Maria na morte de José

Dia 15 de setembro lembramos N. Sra. das Dores. E temos também a devoção das Sete Dores de Maria, desde a apresentação de Jesus no Tempo até sua sepultura. Tenho certeza de que foram muitas outras as dores de Maria. Compreendo também que não seria possível lembrar todas. Mas pelo menos mais uma deveria ser lembrada: a morte de José.

Maria foi a mais santa das esposas. Então, mais do que todas, deve ter amado o esposo que Deus lhe deu, o justo José. Falamos sempre da Sagrada ou Santa Família. Falemos também do Santo Casal, modelo para todos os casais; falemos de Maria, a viúva de José, que guardou para sempre no coração, até a eternidade, o amor que Deus lhe colocou no coração em seus tempos de moça em Nazaré.

Eles vêm à casa da mãe

Doze de outubro é o dia de Nossa Senhora Aparecida, encontrada na rede do pescador, um dos muitos sinais de Deus para nos ajudar na caminhada. É dia de festa.

Mas, pensando bem, até parece que em Aparecida é sempre dia de festa, mesmo nos dias de semana. São tantos homens, tantas mulheres, crianças que chegam de todos os lados. Percebemos que se sentem à vontade na casa da mãe. Basta ver como, quando já não há lugar nos bancos, sentam-se ao longo das paredes, cansados dos muitos passos desde onde vieram. Estão em casa, não precisam de cerimônias, podem sentar-se no chão.

E fico a imaginar que lá do alto de seu nicho dourado, ou melhor, lá de seu céu a mãe de Jesus olha para todos esses filhos e essas filhas, tão numerosos como nunca poderia imaginar. Imagino que sorria, e olhe para Jesus e diga: "Muito obrigada, meu filho".

Com minha Mãe estarei

Quantas vezes ouvi esse canto, quantas vezes o cantei, em momentos de despedida, ou quando precisava de esperança. Duas certezas me iluminavam e o fazem ainda agora.

A vida passa, algum tempo estamos juntos, depois vem a separação. Seria triste se fosse para sempre. Mesmo, porém, com o brilho de alguma lágrima, sabemos que, mais do que separação, estamos vivendo apenas o momento em que alguém chega antes de nós à curva da estrada.

Uma segunda certeza é que, entre outros e outras que amo, estará também, a minha espera, a mãe de Jesus. Que viveu momentos semelhantes e que, certamente, terá para mim palavras de consolo e acolhida.

E será uma festa quando, a seu redor e de seu Jesus, estivermos todos reunidos para sempre, unidos como nunca fora possível antes. É bom poder repetir: com minha Mãe estarei, com todos os meus, com a multidão infinita dos filhos e das filhas da misericórdia.

O último trecho de estrada será mais fácil quando já se puder ver aberta a porta de casa.

Maio de Maria

Há séculos é costume que no mês de maio nos lembremos da Mãe de Jesus. Os mais idosos ainda se lembram das rezas à noitinha, até com ofertas de flores.

Maria merece nosso amor e nossa admiração porque, entre todas as criaturas humanas, foi sempre a mais unida a Deus, a que mais intensamente participava de sua vida divina. Isso a faz a melhor de todos nós. Por isso deve servir-nos de exemplo na procura de Deus e na disposição ao serviço dos irmãos.

Justamente porque é a mais estreitamente unida a Deus, ela é quem mais nos ama e mais se interessa por nós. Continuamente intercede e pede para nós a misericórdia de Deus. Se podemos interceder junto a Deus por nossos irmãos, sua intercessão é ainda mais eficaz, porque é a mais santa, e compreende muito bem nossas necessidades.

Durante este mês bem que poderíamos nos lembrar mais vezes de Maria, a mãe de Jesus, o Filho de Deus.

E o anjo retirou-se

"Maria, então, disse: – Eis aqui a serva do Senhor; faça-se em mim segundo a tua palavra! E o anjo retirou-se" (Lc 1,26-38).

O momento da anunciação foi experiência única na vida de Maria, a esposa de José, que o reviveria para sempre em seu coração. Mas, como escreve Lucas: "O anjo retirou-se". E ela ficou sozinha, e tudo parecia como antes, e ela teve de viver na entrega da fé, confiando totalmente no que o Senhor lhe dizia no segredo de seu coração. Tinha de acreditar no filho que levava em seu ventre, tinha de acreditar que era o Filho de Deus, que seria o salvador. Sem ter clareza, nem saber por que caminhos o Senhor a levaria em sua vida. O "anjo retirou-se" e não voltaria nem mesmo quando ela estivesse diante do filho crucificado.

Não vamos querer que conosco seja diferente, e tenhamos sempre a nosso lado o anjo das clarezas e certezas.

Nossa Senhora Aparecida

Nossos dias estão difíceis, como quase sempre eles são nesta nova vida inconstante. Recorremos a vossa intercessão, pois sois a Senhora da Esperança, dos Remédios, da Saúde, da Consolação, da Guia, do Perpétuo Socorro. Olhai por nós, por nossas famílias por todo o vosso povo. Iluminai os governantes e dai-lhes compaixão, guardai os que cuidam de nossa saúde ou pesquisam nos laboratórios.

Ajudai-nos a conservar a alegria e orai pelos enfermos e pelos que perderam entes queridos. Pedi a vosso Filho que o egoísmo não nos escravize nem nos feche o coração.

Senhora da Esperança, estamos aprendendo a reconhecer nossas pobrezas, mas queremos como vós não perder a coragem, mas continuar na esperança, que nos traz vosso filho Jesus.

Senhora, está na hora de ajudar!

Pio XI, em 1930, proclamou N. Sra. Aparecida Padroeira do Brasil. No dia 31 de maio, no Rio de Janeiro, então capital da República, na presença de um milhão de pessoas, esse título foi oficialmente reconhecido.

Desde então, o Brasil, ou melhor, nós passamos por muitos momentos difíceis na política, na economia, na educação, na saúde... Acredito que você, mais de uma vez, nesses momentos, recorreu a N. Sra. Aparecida e pediu sua intercessão.

Pois mais uma vez é hora de recorrer à Mãe e pedir que ore por nós e nos ilumine. Aí estamos, ainda desorientados com a pandemia, com o coração marcado por tantas mortes e angústias. Ainda há nuvens no presente e no futuro da política, da economia e do bem-estar do povo. Que a Senhora da Conceição Aparecida ore por nós. Mãe, está na hora!

Maria e as mães

Mês de maio, não se pode fugir ao assunto Maria e mães. E Maria de José encarna em si o melhor que podemos pensar sobre as mães e o melhor do que podemos encontrar em todas as mães.

Maria amou intensamente e na medida desse amor foi sua maternidade. Deu à luz o Filho de Deus, na mais total entrega, na mais sublime renúncia a todos os planos que podia ter. Sendo virgem, mãe de um único filho, tem filhos e filhas mais numerosos que as estrelas do céu e os grãos de areia do mar.

Tu mulher, minha irmã, auxílio a nossa medida vindo de Deus (Gn 2,18), és mãe, plenamente mãe, sabendo amar e assumindo as consequências todas do amor, da fecundidade que é sempre morrer um pouco para dar muita vida.

Nem posso esquecer-me de ti, minha irmã, que não recebeste a bênção dos filhos da carne, ou a ela renunciaste por amor também, e soubeste abrir-te para os filhos do coração. És também bem-aventurada, ainda que menos lembrada, em tua pobreza mansa.

Maria de José, hoje lembro apenas que és mãe. Mãe, mulher minha irmã, bendita sejas porque me lembras um pouco Maria de José.

Um mês para a Mãe

Tenho certeza de que, nos tempos de criança, alguns dias também você chegava a sua casa com um buquezinho de bem-me-quer ou de outra florzinha qualquer. Lembra-se do sorriso que se abria no rosto de nossa mãe? Lembrei-me disso ao lembrar-me também como, naqueles tempos, na reza da noite, entrávamos na fila para depositar flores diante da imagem de Maria.

Talvez, durante algum tempo, nossa devoção a Maria foi tornando-se muito adulta e séria. Para não dizer comedida e fria. Como o adolescente que não aceita que a mãe o beije, ainda mais diante de colegas.

Quem sabe já seja tempo de deixar essa adolescência e voltar a ter com Maria um relacionamento mais espontâneo. Como o relacionamento que, a certa idade, recuperamos com nossa mãe, sem teorias, com muito espaço para a poesia e o afeto. Afinal Maria, como nossas mães, as que ainda estão conosco e as que já se foram, continuou e continua sempre querendo nosso bem. Mesmo quando andávamos longe e nem nos lembrávamos delas.

A rainha diferente

É impossível imaginar o que havia no coração de Maria depois da mensagem divina trazida por Gabriel. Ela aceitara e seria a mãe do Messias. Havia perguntas, uma alegria muito grande, preocupações, ou uma paz tranquila e mansa? Impossível dizer. Podemos, porém, saber o que fez. Não ficou pensando em si, no que seria de sua vida, no que pensaria José. Saiu às pressas para uma cidadezinha nas montanhas, para a casa de Isabel sua parente. Era idosa e precisava de ajuda em sua primeira e tardia gravidez.

Imagino aquela que chamamos de Rainha a servir humildemente, em longas conversas sobre as coisas de Deus e da vida. Sem pressa, sabendo que mais do que os esplendores do culto é a vida do dia a dia no amor que agrada ao Senhor. Vivendo, repetia em gestos o que cantara ao dizer "Minha alma se alegra no Senhor que olhou para mim".

Que Maria me ensine a viver assim, pelo menos um pouco.

Seu nome era José, o justo

À primeira vista a Bíblia dá muito pouco destaque a José, o esposo da Maria. Nos evangelhos seu nome aparece dezesseis vezes, e algumas vezes fala-se apenas do "Carpinteiro". Três passagens, porém, destacam-no acima de todos: "José era um homem justo" (Mt 1,19), "desposada a um homem chamado José" (Lc 1,27), "a ele darás o nome de Jesus" (Mt 1,21).

José era um homem justo. Não se pode dizer mais do que isso para mostrar sua grandeza: fiel a Deus e bom. Preparado por Deus para ser o esposo de Maria, que ela pudesse amar como nenhuma outra mulher jamais amou. E que fosse capaz de amá-la com o amor maior de todos. Escolhido para ser o homem que acolhesse o Filho de Deus na humanidade, ensinando-lhe nosso jeito de ser, inserindo-o na cultura e na história de um povo, dando-lhe um nome.

José, tão grande, mas tão próximo de nós que quase nem lhe damos atenção. É pena.

As alegrias de José

Maio tradicionalmente é o mês de Maria. E no dia primeiro lembramos S. José como trabalhador. Hoje, porém, gostaria de olhar para ele de outro modo. Fiquei imaginando como ele foi feliz.

Veja sua alegria quando conheceu Maria, e quando ela aceitou ser sua esposa. Era a melhor de todas as mulheres, abençoada com todas as graças de Deus. A mais amável e a mais capaz de amar alguém. Como foi grande sua alegria quando o mensageiro divino disse que não hesitasse em receber em sua casa Maria como esposa, que a criança que trazia era filho do próprio Deus, e seria o Salvador por todos esperado.

Nasceu o menino, e como foi alegre a aventura de acompanhar seus passos até a juventude.

As alegrias de José, como as de todos, temperadas com preocupações e trabalhos. Alegrias humanas, divinizadas pela presença de Jesus.

Foi na casa do carpinteiro

Há tanta gente admirável na Bíblia e na história cristã. Mas, entre todos, para mim tem lugar especial o carpinteiro José, o esposo de Maria, e para todos os efeitos pai de Jesus. Homem justo, amoroso, pronto e disponível para Belém ou para o Egito. Devia ser mesmo muito bom, pois foi muito amado por Maria, a melhor de todos nós. Ajudou o Filho de Deus encarnado aprender a falar, a andar, a orar, a dominar a madeira e a pedra.

E, quando chegou o momento, foi em paz, certamente tendo as mãos entre as mãos de Maria e Jesus. Bom exemplo para mim, que sempre me acho não valorizado, e ainda não aprendi a importância das pequenas coisas, das palavras sussurradas bem baixinho e só ouvidas pelo coração.

Vó Ana, vô Joaquim

Foi assim, só que em sua língua, que Jesus deve ter falado deles, mesmo sem talvez os ter conhecido. Ao se fazer homem, também o Filho de Deus tenha tido momentos de ternura e o calor do colo de vovó.

E com o avançar dos anos começamos a dar valor maior ainda a essas criaturas que marcaram nossa infância. Não é preciso dizer como é importante o papel dos avós na educação das crianças. Sua presença traz tranquilidade e, o mais importante talvez, eles fazem a ligação com a história familiar.

Que a avó e o avô de Jesus intercedam por nossos avôs e nossas avós, aumentando ainda mais a ternura de seus corações. E que Deus prologue por muito tempo a alegria e a felicidade deles e dos netos. Assim haverá mais ternura na vida.

Unidos
para sempre

Dia de saudade e de esperança

Ainda me lembro das casuarinas que via em minhas visitas de menino ao cemitério. Não sei bem o que me faziam pensar, mas hoje tenho certeza de que me falariam da saudade dos que já se foram. Saudade de tantos que caminharam comigo, e agora já não vejo, como se tivessem chegado antes à curva da estrada mais à frente. Saudade, mas diferente, porque a fé me diz que não se foram, foram apenas transformados para a vida nova.

No cemitério não havia apenas casuarinas. Havia flores, muitas flores e velas acesas dançando ao passar do vento. Velas e flores falando de esperança, da certeza do reencontro de todos no abraço dos braços da misericórdia do Pai.

Um momento de silêncio pelos que amamos e ainda nos amam. Uma prece por sua felicidade, um até logo para nos lembrar que estamos a caminho.

Meus santos esquecidos

É muito grande o catálogo dos santos oficiais da Igreja, homens e mulheres de todos os tempos, papas, rainhas, gente simples. Ainda hoje são majestosas as cerimônias quando se eleva alguém às honras dos altares. Não podemos, porém, esquecer os santos e as santas de que ninguém fala. Homens e mulheres que passaram a vida ocultos, na vida simples, sem paramentos e hábitos, e sem fazer milagres. Mas que amaram, amaram muito e fizeram todo o bem que podiam. Nem Papas, nem bispos, nem rainhas. Apenas avós e avôs, maridos e esposas, freirinhas e titias, gente afinal que ninguém notou. Como você eu também seria capaz de fazer uma lista muito grande de meus santos e minhas santas esquecidos. Bendito seja Deus que os colocou entre nós. Lembremos seus nomes e digamos: ... rogai por nós.

Santos de minha devoção

É impressionante o catálogo dos santos. Desde os do Antigo Testamento até os últimos que a Igreja nos aponta como modelos. Há modelos para todos, homens e mulheres, solteiros e casados, idosos e crianças, e todas as profissões que se possam imaginar.

Andei a me perguntar qual critério usaria para escolher alguns modelos para mim, entre tantos e tantas. Achei que não deveria escolher modelos tão perfeitos que me desanimassem. Quando comecei a seleção, em pouco tempo fiquei surpreso com minha descoberta: nunca existiu santo, nenhuma santa sem defeito.

Isso não diminuiu minha admiração por eles, nem desisti de os ter como modelos. Pelo contrário, consolei-me com aquela frase que atribuem a Santo Agostinho (sempre ele!): "Se eles puderam, por que você não poderia?"

Por falar nisso, sabe que é muito interessante conhecer a história de santos e santas?

Quando for o reencontro

Durante muitos ou poucos anos convivemos com tantas pessoas que amamos. Se fechamos os olhos, vão passando uma a uma em nossa lembrança. Revemos feições, ouvimos ainda palavras, sentimos o roçar de dedos. Era tão bom, pena que passou.

Passou? Sim e não, porque esperamos um reencontro, quando nos poderemos conhecer mais, na transparência mais completa. Quando amizade e amor, à luz da Trindade, serão parte da alegria eterna. Em Deus encontraremos todos e em todos encontraremos Deus. Isso esperamos.

Porque sabemos que fomos criados para a vida, a felicidade, a união. E Deus plantou em nós uma semente de eternidade. Por isso mesmo, quando atravessamos o portão, e vemos ao longe as casuarinas acenando ao vento, podemos sentir um pouco de saudade, não porém de tristeza. Haverá sempre o reencontro. Disso temos toda a certeza.

Nossa vida é para sempre

Todo ano lembramo-nos de nossos falecidos. E o fazemos unindo um pouco de tristeza, de saudade e de gratas lembranças. Alguma lágrima pode haver, mas logo lembramos de como foi bom tê-los conosco e como nos amávamos. Mais que tristeza, vivemos momentos de saudade, de volta aos bons momentos, renovando sentimentos de gratidão, reavivando nossa fé tranquila em um alegre reencontro para sempre.

Já vivemos o luto, mas agora vivemos a espera, a certeza da chegada do dia, quando não apenas poderemos rever rostos, mas poderemos conhecer-nos plenamente, unidos na amizade e no amor que sempre sonhamos.

Oramos, sim, por eles, mas principalmente pedimos que, tendo chegado à casa do Pai, orem por nós, que ainda avançamos pela estrada que, às vezes, parece tão difícil.

Eram santos e não sabiam

Em novembro celebramos nossos falecidos e todos os santos. Comecei por isso a pensar, a me lembrar de tantos e tantas que passaram por minha vida. E marcaram-me com suas palavras, seu olhar, seu jeito, seu amor. É verdade. Não eram perfeitos, mas quanta bondade e sabedoria mostravam.

Seriam tantas as histórias que poderíamos contar deles. Avós que nos acolhiam; pais e mães que faziam tudo por nós; nossas catequistas e professoras, com suas rugas ou seu sorriso moço. O velho vigário, que tinha sempre uma bala ou um santinho à mão. Poderia continuar sem chegar ao fim...

Todos a seu jeito foram santos, porque nos amaram, deram-nos apoio no momento certo, compreensão e carinho. Agradeço a Deus que os colocou em meu caminho. E espero o dia do reencontro, quando todos seremos transparentes, na simplicidade do amor pleno.

Encontro marcado

É sempre bom pensar na felicidade do céu, quando estaremos mergulhados na Trindade, na alegria e na felicidade. Sto. Tomás de Aquino lembra-nos de uma verdade muito simples. Diz que nossa felicidade não vai consistir apenas na visão de Deus e nossa união com ele.

De nossa felicidade eterna fará parte também a alegre companhia de todos os santos e, de um modo especial, o reencontro com todos aqueles que aqui amamos e nos amaram tanto. O amor, que faz nossa felicidade aqui, não será anulado e esquecido, mas será levado à plenitude.

Agora o amor fraterno e o amor conjugal são apenas uma experiência inicial. A experiência completa, o amor, que sempre quisemos dar e receber, será parte da felicidade, do banquete de núpcias para o qual Deus nos convida.

Sejamos felizes agora, para não faltar ao encontro marcado.

Festa dos que vivem

Não gosto do nome que deram para o dia dois de novembro: Dia de Finados. Finado é quem se acabou, deixou de viver e de amar. Não vou ao cemitério visitar mortos. Vou para lembrar e festejar os que vivem e continuam a me amar. Para lembrar seu jeito bom de ser, o muito que fizeram por mim, na certeza de que agora recebem o prêmio da felicidade, prontos a interceder por mim, para que tenha parte em sua alegria.

Só assim consigo compreender as velas acesas alegres a tremular no vento, e o turbilhão de cores das muitas flores que cobrem todas as lajes. Velas e flores o que me lembram é vida, vida que vence a morte e permanece para sempre, em uma eterna e renovada alegria.

Por isso, indo ou não ao cemitério, posso rever rostos e recuperar olhares, em uma saudade que só não explode em alegria porque ainda não estamos de novo juntos, depois da curva da estrada que chamam de morte. Creio na vida, creio na ressurreição, porque Jesus levantou-se de novo vivo. Une-me a si, e há de me fazer participante de sua vida, na plenitude da paz e da união com todos que me amaram e que amei.

Sempre temos companhia

Nem sempre presto atenção, mas de vez em quando noto que o calendário cada dia nos lembra irmãos e irmãs, santos e santas. Boa lembrança, em primeiro lugar porque são irmãos e irmãs. Mas também porque nos mostram que é possível ser feliz, apesar de tudo, se temos Deus no coração e os irmãos a nosso lado. São homens e mulheres, gente como nós, com nossos sonhos e nossas limitações, que viveram plenamente. Chegaram a se realizar conforme o projeto de Deus. Tinham também defeitos e nunca chegaram a amar o quanto poderiam. Mas fizeram o que conseguiam com a ajuda de Deus.

Como dizia, acho que Santo Agostinho, se eles puderam, nós também podemos. Podemos chegar à perfeição que Deus espera de nós.

Dia a dia eles estão a nos desafiar e incitar com seu exemplo. Mostram principalmente que não é de uma só vez que se chega lá, mas passo a passo.

E não ficam só olhando: torcem por nós e ajudam-nos com suas orações. É bom saber que sempre temos companhia em nossa caminhada.

Saudade do futuro

Dia de Finados gosto de ir ao cemitério, que fica tão diferente com tantas flores e tantas velas lutando contra o vento. Para mim não é dia de tristeza, mas antes de saudade quase alegre. Se fecho os olhos e começo a relembrar, quantas pessoas queridas reencontro. Revejo rostos, ouço de novo vozes, sorrio ao som de risos antigos. Não se foram, moram em meu coração. Nem estão longe, porque nos separa tão pouco tempo, de modo que não será longa a espera do reencontro.

Não há tristeza, apenas um pouco de saudade, porque sei que de novo nos encontraremos e nos chamaremos pelo nome, e nosso sorriso será muito mais luminoso. Haveremos, então, de nos conhecer muito mais, nossa harmonia será total. Penetrados pela Trindade, poderemos ser afinal, uns para os outros, doação, revelação, felicidade plena no amor que sempre sonhamos.

Dia de Finados gosto de ir ao cemitério.

Viver

A humilde sabedoria das férias

Certamente, você já ouviu alguém dizendo: "Não tiro férias; minha vida é trabalhar". Pois, aos poucos, fui aprendendo que a sabedoria exige que tenhamos férias e descansos. Cheguei até a perceber que se eu não precisasse de férias, os outros precisam que eu tire férias. Para não ser tão impertinente e ranzinza, para lhes dar mais atenção, para ser mais amável.

Férias são boa oportunidade para simplesmente viver, ter tempo para Deus, para os outros e para nós mesmos, para ver as montanhas, o mar, os céus que há tanto tempo não vemos. Férias para poder conversar e ouvir, não sobre coisas úteis e lucrativas, mas sobre nós e os outros.

Férias para tomar distância da rotina cinza, para deixar que os problemas voltem a seu tamanho real. Férias para olhar para dentro de nós mesmos, e revisitar certos cantos esquecidos que precisam de acerto.

Nada mais a dizer, porque estou saindo de férias.

Quando tudo parece tão difícil

Não precisa muito tempo para perceber que, mesmo iluminados pela fé e vivendo na amizade de Deus, nem sempre a vida é fácil. Lutamos com dificuldades enfrentadas também pelos que não se deixam transformar pela graça.

É bom lembrar que Jesus não veio para resolver nossas necessidades naturais, nem para resolver todos os nossos problemas. Viveu nossa vida e uniu-nos a si para que soubéssemos viver bem e na paz mesmo no meio das dificuldades. Com sua ajuda, podemos vencer tudo. Alegramo-nos quando tudo vai bem, mas não deixamos de confiar nele quando tudo parece tão difícil. Com ele aprendemos a ter no fundo do coração uma felicidade que nada nem ninguém nos pode tirar: a certeza de sermos filhos de Deus, amados, protegidos e chamados para uma vida de eterna felicidade.

Quando tudo parece tão igual

Imagino que os discípulos, depois da ascensão de Jesus aos céus, obedeceram aos anjos e deixaram de ficar olhando o céu. Mas, na terra para onde começaram a olhar, tudo parecia tão igual a antes, como se nada tivesse acontecido. Tiveram de retomar a rotina da vida e aprender a criar novidade dando sentido novo à realidade todos os dias.

Nós não tivemos as experiências extraordinárias deles, mesmo assim de vez em quando precisamos parar e olhar mais a fundo nossa vida tão comum. Só assim iremos perceber os dons de Deus aos quais já não damos importância, a bondade de nossos irmãos que nem notamos, a beleza das coisas até mais pequenas. Principalmente iremos colocar um conteúdo novo e renovador em cada momento, em cada gesto, em cada olhar, porque iremos encontrar Deus a cada passo.

Não deixe de ver a primavera

Por aqui quase não percebemos a chegada da primavera. Talvez, porque já esteja quase sempre por aí. Temos de prestar um pouco de atenção para perceber a diferença.

Aliás, assim é também em nossa vida. Quase não temos olhos para as boas coisas que nos acontecem. Não damos valor ao raiar avermelhado do dia, nem à chegada da noite que vem descendo da serra lá longe. Não paramos para contemplar um copo de água fresca, sentir o sumo instigante da laranja, colher o sorriso da criança e as rugas tranquilas da vendedora de alface.

Por isso quase não louvamos o Criador, nem agradecemos tantos favores. Vamos indo, mas parece que, de fato, não vivemos, nem sugamos o suco das coisas, nem temos vagar para nos deixar amar.

Tentemos não deixar de ver a primavera que está chegando.

Qual a cor do cristianismo?

Qual a cor do cristianismo, será o cinza ou o roxo, ou terá o multicolorido do confete e das serpentinas? Tenho a impressão de que para nós, e para muitos de fora, o cristianismo é cinzento e sisudo.

Jesus, porém, fala de alegria e de felicidades (bem-aventuranças), de convite para banquete e para festa de casamento. E parece que o faz muito sabiamente, pois sendo alegres e felizes, teremos coragem de arriscar tudo e todos por ele, mesmo perdendo por ele a vida.

Por mais a sério que levemos nosso cristianismo, nunca o levaremos a sério o bastante se não lhe dermos o colorido do confete e das serpentinas. Se somos de Cristo, somos felizes. Se somos felizes só podemos ser alegres.

Mesmo nos momentos sérios não nos levaremos a sério demais, cultivando em nosso coração a virtude do bom humor, tantas vezes esquecida.

Com que cores pintamos nossa vida?

Romagem da vida

Em vez de romaria, preferi a palavra antiga romagem, por que parece mais poética e lembra viagem. Romaria não é viagem de negócio, feita às pressas. Como fazem os romeiros da Aparecida, é viagem sonhada, preparada devagar. É sair de um lugar para outro, deixando seguranças e comodidades, de olhar sempre aberto para ver e aprender, prestando atenção à forma das montanhas e também das curvas dos riachos, às cores do horizonte e das flores. Fazer-se romeiro é fazer-se companheiro e irmão nas fadigas e partilhas. É chegar afinal, colocar-se diante do altar, como filho que volta à casa, é ficar diante da Mãe momentos esquecidos, agradecer, pedir, cantar, ficar olhando para quem entende tudo que os olhos dizem.

Gosto de ficar vendo os romeiros no santuário, principalmente quando cansados se sentam encostados à parede e ficam de olhos perdidos no nicho dourado. E lembro que toda a nossa vida é uma romagem, não viagem de negócios.

A primavera que prefiro

Em outras terras, a diferença entre inverno e primavera é contundente. Principalmente pela ausência triste de flores no inverno e sua explosão em cores na primavera. Prefiro nosso inverno e nossa primavera, que quase não se distinguem, porque o frio quase nunca vem e as flores nunca se vão.

Talvez, por isso, não sejamos muito dados a grandes esforços e extremados heroísmos. Podem dizer que isso depõe contra nós. Mas, quem sabe, talvez seja isso que nos ajuda a nos equilibrar nas ondas do dia a dia, a não desesperar, nem arriscar demais. Parece que é, no bom sentido, o que Jesus nos ensina ao falar dos passarinhos do céu e do esplêndido vestido das flores. Do não carregar hoje os fardos de amanhã, e do confiar em Deus, para quem somos muito mais importantes do que os pardais.

Quando vem a chuva

Há pouco tempo ainda, nossa paisagem tinha pouco verde nos morros, e apenas os ipês a alegravam com suas manchas de ouro. Vinha logo anossa lembrança as palavras do Salmo: "Ó Deus, vós sois meu Deus, desde a aurora vos procuro. De vós tem sede minha alma, ânsia por vós minha carne, como terra deserta, seca e sem água" (Sl 62,2).

Veio a bênção das chuvas, e o mundo mudou, e a terra sorriu colorida de verde. Não, não é sonho, de fato Deus pode fazer a diferença em nossa vida. Pode fazer renascer em nós a esperança, mesmo quando parece que tudo secou. Pode fazer germinar as sementes de nossos sonhos, explodir as flores em frutos.

Podemos cantar com o salmista: "Eu vos bendirei enquanto viver, em vosso nome erguerei minhas mãos. Eu me saciarei como num farto banquete, e com vozes de alegria vos louvará minha boca... exulto de alegria à sombra de vossas asas" (Salmo 62).

Começar, acabar, recomeçar

Somos espertos; criamos etapas na vida, começo, fim, luas e estações. Difícil imaginar como seria nossa vida se fosse uma sequência uniforme de dias e noites, sem começo nem fim, sem nada para quebrar a rotina.

Começo de ano, não é ilusão, mas é jeito nosso para interromper um pouco a caminhada, olhar para trás e para frente. Rever, alegrar-nos com o que vivemos, decidir mudanças, tomar fôlego e avançar com mais alegria. Serve também para olhar o que tantos fizeram por nós, o amor que recebemos, os apoios, e também os desencontros. E reprogramar a vida, renovar contatos e conexões, restaurar relacionamentos abalados.

Vamos aproveitar, vamos romper a rotina. Mais um ano passou, e temos diante de nós a vida que Deus nos dá, para que dela façamos uma bela aventura. Que ele nos ajude. Bom ano para nós.

Se Deus quiser

Volta e meia uso essa expressão: se Deus quiser vou fazer isso ou aquilo, se Deus quiser...

Por um lado, até que tenho razão, porque em tudo dependo da boa vontade e do amor de Deus. Sem ele nada posso fazer. Por outro lado, porém, na verdade é quase uma desculpa, porque nem sempre faço o que Deus quer que eu faça.

Lembrei-me disso ao pensar no ano que começa. Tenho muitos projetos e até algumas novas obrigações. Se Deus quiser será um bom ano. E espero que, de fato, com a ajuda divina eu faça tudo que devo fazer, tudo que ele quer, e nada deixe por medo ou preguiça.

Porque ele quer, tenho certeza de que me ajudará, a mim e a todos que nos confiamos a sua misericórdia. Porque ele quer, comecemos com alegria este novo ano. Bom ano para você.

O louvor da festa

Junho, mês das festas de São Pedro, São João, Santo Antônio, com fogueiras e mastros, fogos e doces, cantorias e danças. Nisso podemos ver apenas folclore, ou, se quisermos ser cristãos, ao mesmo tempo louvor de Deus, festa, alegria, convivência fraterna, olhar para o passado em vista do futuro.

As festas de junho bem que podem ajudar-nos a ver que Deus é alegria, festa e felicidade simples. Podemos encontrá-lo em nossas pequenas alegrias, no crepitar da lenha, nas alegres estrelas coloridas que explodem no céu, na canequinha de quentão, nos doces e no amendoim.

Deixemos um pouco as solenidades paramentadas, deixemos que a alegria simples nos invada e nos leve a compreender um pouco que Deus é Pai, que festeja conosco a vida que Jesus nos devolveu.

Uma estrada a minha frente

Primeiro de janeiro não é dia diferente dos outros, a não ser pelo significado que tem para os que seguem nosso calendário. Mudança, renovação, recomeço. O começo de um novo ano pode ser para nós um caminho que se abre, convidando-nos a renovar esperanças, e pôr em prática propósitos sempre esquecidos ou pelo menos adiados.

Podemos renovar nossa maneira de ver as pessoas e os fatos, com mais reflexão e mais realismo otimista. Precisamos recuperar ou aprofundar a alegria que nasce do amor e da esperança. Por mais difícil que seja o mundo, nós o podemos fazer melhor e mais pacífico.

De modo especial podemos rever nosso relacionamento com os companheiros de caminhada, e com Deus nosso Senhor. Em um e noutro caso certamente podemos ser pelo menos um pouco melhores e mais comprometidos.

Bom ano para você, Deus ajude.

Pode ser primavera

A impressão é que o mundo e a Igreja vivem um inverno cinzento. Com ventos frios, pouca luz, vidraças fechadas. Há muito desânimo e pessimismo, alimentados por lembranças enganosas do passado. Predominam incertezas diante do futuro.

É difícil saber por onde anda o otimismo cristão, que sempre disse acreditar que o Senhor estará sempre conosco, que ele, de fato, venceu o mal.

Parece inverno, mas pode ser primavera. Depende de nós, porque o Ressuscitado o quer. E diz que podemos mudar o mundo, e que podemos fazer da Igreja, e de nossa pequena comunidade, e de nossa família luz, sal e fermento de renovação para o mundo. Parece inverno, mas pode ser primavera, se cultivamos flores que não apenas enfeitam, mas preparam os frutos do amanhã.

Cremos em Jesus, que tudo existe por ele e para ele, que ele é senhor dos corações e dos acontecimentos. Podemos, pois, olhar confiantes a nosso redor e dizer: "Apesar de tudo, é primavera".

Na alegria da esperança

É apenas uma mudança no calendário, mas é também oportunidade para um momento de pausa na caminhada, de olhar para traz, para retomar o caminho com mais alegria e esperança.

É verdade que não sabemos como será este ano. Sabemos, porém, que Deus nos ama, que seu Filho Jesus estará conosco. Isso nos acalma, afasta nossas ansiedades e renova nossa confiança.

Podemos até corajosamente decidir que vamos tentar ser melhores, mais fraternos e generosos. Tanto mais que certamente esse é o propósito dos que vivem conosco e prometem ser muito tolerantes.

Começa outro ano; agradeçamos o que passou. E peçamos ao Senhor que, ao final do que começa, sejamos melhores do que somos agora.

Bom ano para você.

De mãos dadas com Deus

A vida é uma caminhada e um desafio também para quem quer viver a salvação que Deus nos oferece em Cristo. Temos os auxílios divinos necessários para vencer e viver, mas esse auxílio não elimina as dificuldades do caminho. Dá-nos forças para superá-las.

Para não desanimar nem perder a coragem, temos de saber que caminhamos de mãos dadas com Deus. Nunca estaremos sozinhos. O Cristo, sempre presente a nosso lado, é a mão que Deus nos estende. Se nos agarramos a essa mão, se nunca a largamos, podemos tropeçar, mas não iremos cair; e, se cairmos, poderemos sempre nos reerguer com sua ajuda.

Caminhamos de mãos dadas com Deus, como fazem as crianças, que não têm medo se o caminho é longo, porque sabem que, se necessário, haverá sempre braços prontos para as acolher e carregar.

Caminhamos tranquilamente de mãos dadas com Deus, porque sabemos que ele nos ama como pai, e infinitamente mais do que qualquer mãe seria capaz de amar.

Os caminhos da vida

Nas leituras evangélicas deste mês de junho encontramos muitas e boas orientações para nossa espiritualidade cristã.

Não há uma sequência lógica nos temas, nem são apresentados todos os aspectos da vida cristã. Aliás, cada passagem evangélica acaba revelando-nos ângulos novos cada vez que as relemos. Quem sabe, depois de muitos anos, percorrendo sempre de novo essas páginas, acabaremos percebendo uma proposta coerente e completa.

Ao enfrentar as exigências evangélicas, não podemos esquecer que estamos sempre em um processo de crescimento gradual, nem tão pouco esquecer que Deus nos concede suas graças na medida de sua livre vontade. Isso quer dizer que não nos podemos espantar se não conseguimos pôr imediatamente em prática tudo que Jesus nos ensina. Aos poucos, à medida que Deus nos for ajudando, à medida que formos correspondendo com mais generosidade, iremos assimilando seu modo de viver. Temos de caminhar sempre, passo a passo, sem desanimar, pedindo sempre ajuda, pedindo perdão sempre que falhamos em nossos propósitos. Não podemos é parar.

Olhando para mais longe

Nós, cristãos, somos realistas, os mais realistas de todos. Vemos que as coisas deste mundo são boas, dons do amor de Deus por nós. Acreditamos no valor do trabalho, da cultura, do lazer, do esporte, da sexualidade, de tudo, afinal, que é humano. Mas sabemos que nada disso é um valor absoluto e total. Acreditamos que Deus prepara para nós bens ainda maiores, bens que não devemos perder para ter os bens de agora.

Por isso usamos os bens de agora, com toda a gratidão, fazemos todo o esforço para que este mundo seja o que deve ser, mas vivemos sempre em tensão, como quem está de mudança, sem construir morada permanente, tendo o olhar sempre voltado para um horizonte mais distante.

Isso nos permite que sejamos felizes agora, mesmo no meio de dificuldades, desenganos, sofrimentos e limitações. Sabemos viver a realidade presente. Nem a morte nos tira a alegria de viver.

Aliás, a morte para nós não é o fim, nem a desgraça. É apenas passagem para nascer, é chegada à morada definitiva, nossa afinal, que nos foi preparada desde quando Deus nos amou e chamou para sermos filhos e filhas. Andamos de olhos erguidos.

A vida está nos dias de semana

Dias de festa, dias especiais para alegria e descanso, até que são importantes para nós. Ajudam a quebrar a rotina, e chamam nossa atenção para certas realidades que até podemos esquecer no dia a dia.

A maior parte de nossa vida, porém, é vivida nos dias de semana, na sequência humilde das horas da manhã à noite, dos trabalhos e das preocupações, das pequenas alegrias e dos tropeços, dos encontros e desencontros. É, pois, importante viver intensamente essa vida comum, nela colocando o máximo que pudermos de amor e generosidade, de alegria e de empenho.

Mais do que nos grandes momentos, a vida cristã está nos dias sem história, quando parece que nada acontece. Lembra das histórias de fadas com suas varinhas mágicas? A realidade é muita mais maravilhosa. Por nossa união com Cristo e com os irmãos, podemos transformar cada instante, os pequenos gestos e as ações mais comuns em manifestação de amor, em atos de culto a Deus Nosso Senhor. Podemos fazer do mundo nosso templo e nosso altar para o louvor contínuo que podemos e devemos ser.

Temos de sempre recomeçar

Nossa vida é sempre assim, cheia de fins e de começos. Nunca podemos dizer que tudo está completo. Temos de sempre recomeçar, tentando fazer melhor, corrigindo os erros, enfrentando novas situações. Mas não será sempre assim. Um ano será o último, haverá um último mês, um dia derradeiro. E para ele temos de estar preparados, aproveitando dia a dia as oportunidades que o Senhor nos oferece.

É o que Jesus diz mais de uma vez; é preciso estar vigilantes, pois a qualquer hora ele pode vir para nos chamar. Essa contínua vigilância deve estar sempre acompanhada de uma confiança total em sua presença.

Por piores que sejam as circunstâncias, ele está sempre conosco na barca, mesmo que pareça estar dormindo. Quando precisamos e gritamos por ele, o socorro não falha.

E, já que falamos de vigilância e confiança, não podemos esquecer a alegria que deve caracterizar sempre nossa vida cristã. Deus muito nos ama, Cristo está conosco, temos irmãos a nosso redor, temos a promessa de uma vida para sempre. Podemos enfrentar dificuldades e sofrimentos de todo tipo, mas não podemos dar lugar à tristeza.

Meio do ano, meio da vida

Nem parece, mas já estamos no meio do ano, e certamente não realizamos nem metade do que planejamos. Imagino que também você deverá ter resolvido, lá por janeiro, fazer este ano um ano de generosidade maior e de muitas realizações em favor dos outros. Pena que nossos propósitos vão ficando para trás, como as luzes da cidade na distância. Não consigo deixar de pensar que o meio do ano, ou qualquer mês do ano, é sempre também o meio da vida. Pouco importa se já passamos ou não dos cinquenta.

Se não passamos dos cinquenta, a metade pode estar nos dez, ou nos vinte, ou sei lá onde. O certo é que o tempo se faz sempre curto e o prazo mais apertado, bem porque não sabemos para quando será esse prazo.

Se já passamos dos cinquenta, isso não importa, porque também estamos sempre no meio da vida. E o que está pela frente é sempre metade, pois o tamanho da vida não se mede por anos e meses, mas pelo que e como vivemos. E num ano, em um mês, em um dia, em um momento podemos colocar tudo, ganhar tudo e completar nossa aventura da melhor forma, felizes para sempre, sem o cor--de-rosa dos romances. Com Cristo e por Cristo.

É sempre tempo de recomeçar

Muitos antigos imaginavam que a vida das pessoas e da humanidade fosse um eterno recomeçar, um contínuo repetir-se. Um eterno girar, monótono e sem sentido. A mensagem bíblica é outra: estamos em uma longa trajetória, que tem seu início no amor gratuito de Deus, e chegará a seu termo na plena realização desse projeto de amor.

Estamos a começar um novo ano, temos diante de nós mais uma oportunidade de mudança, de avanço e de descobertas. Não sabemos o que nos espera, mas sabemos que podemos fazer planos a partir de uma certeza: Deus nos ama e tudo haverá de dispor para nosso bem. Ainda que esse bem, é verdade, nem sempre seja o que imaginamos. É sempre, porém, o melhor para nós, oportunidade de mais crescimento, de purificação e realização.

Temos todos os motivos para agradecer, louvar e recomeçar alegremente a caminhada, corrigindo rumos e renovando esperanças.

A passagem para a vida

Nos tempos mais remotos, a chegada da Primavera trazia a festa da vida e da esperança. Depois que o povo hebreu saiu do cativeiro, para ele a festa passou a ser a celebração da vida na liberdade, na esperança de um futuro garantido pelo Senhor. A festa da Primavera (no hemisfério norte) passou a ser a Festa da Páscoa.

Não faz mal se a vida nossa é, muitas vezes, como uma "semana santa", marcada pelo roxo e pelos sons das matracas. Não faz mal, se soubermos e acreditarmos que sempre chega o "Domingo de Páscoa". Ou melhor, se durante toda a semana de nossa vida vivermos com o coração na Páscoa, na certeza da presença viva do Filho de Deus encarnado.

É sempre Páscoa, porque o Cristo está sempre vivo e presente entre nós. É sempre Páscoa, porque vivemos a vida nova, porque para nós tudo é iluminado pela esperança, porque temos o amor dos irmãos, porque Jesus é o Senhor. Vamos deixar de lado os tons roxos e os sons da matraca, vamos cantar alegres, vamos viver cantando, mesmo que enxugando alguma lágrima teimosa. Temos Cristo, e ele é a Vida.

Parar para avançar

Pena que ainda tantas vezes olhemos para férias e repouso com uma pontinha de remorso, como se estivéssemos em falta com nossas obrigações. Ainda não acreditamos muito no pecado do ativismo, tanto que raramente dele nos acusamos.

É que andamos tão atarefados, tão cheios de compromissos agendados, que nos esquecemos do mais importante, que é viver. Viver lúcida e conscientemente, sem nos deixar levar como autômatos. Viver tendo tempo para Deus, para os outros, para nós mesmos, viver vivendo, saboreando a vida, os encontros, o sabor do suor e do riso.

Por isso é indispensável por algum tempo interromper a rotina, parar, variar, improvisar. Sem fugir de nós mesmos, pois que o mais importante não é ir para longe, mas ir para dentro de nós, para olhar de frente nossos sonhos, nossas esperanças e, se for o caso, nossos medos. E, isso é importante, sem esquecer de reservar um bom tempo para o silêncio do qual fugimos tanto.

Ano Novo — Bom ano

Primeiro do ano é dia diferente. Em meus dias de garoto, de manhã, logo que acordávamos, saíamos dizendo para os adultos de casa: Bom dia! Bom ano! Depois saíamos pelas vizinhanças tranquilas repetindo a mesma saudação: Bom dia! Bom ano! E sempre ganhávamos algumas moedas.

Hoje lhe quero dizer com a mesma alegria que brilhava em nossos olhos de criança: Bom dia! Bom ano! Só que hoje sei que bom ano não se ganha, mas se faz, semeando cada dia, tecendo cada semana, construindo cada mês, fazendo do ano um dom para todos e para Deus, mesmo sabendo que dele vem a bondade de nossos dias, meses e anos.

Bom dia! Bom ano! Vamos erguer os olhos, pois o Senhor está entre nós, por isso nada nos falta, e podemos ter a coragem da alegria. E para todos podemos ser alegria que faça brotar felicidade e esperança. Bom ano! Que seja tudo novo, limpo, belo, apesar de tudo, e mais que tudo.

Não é ilusão nem sonho. Ou melhor, é o sonho de Deus para nós que, porque sonhados, podemos ser sua realidade.

Tempo passa e não é passatempo

Como o tempo logo passa, como parece passar cada vez mais rápido. Talvez, porque temos vida muito agitada, ou porque temos a impressão de ter cada vez menos tempo a nossa frente.

Muitos santos, entre eles Santo Afonso de Ligório, insistem que temos de aproveitar bem nosso tempo, sem perder nenhum minuto. Dizem que é um absurdo perder tempo, matar o tempo, passar o tempo, como dizemos tantas vezes.

É claro que eles sabiam aproveitar o tempo também para descansar. Afinal, aproveitar o tempo é fazer o que se deve fazer no momento certo e do jeito certo. Pode ser trabalhar ou descansar, rezar ou dormir, estudar ou passear. E é claro, o que não podemos é perder tempo com ansiedades, como os que não sabem deixar coisas para serem feitas no momento oportuno. Afinal, a Bíblia nos ensina que "debaixo do céu há momento para tudo, e tempo certo para cada coisa" (Ecl 3,1).

Vida longa ou vida plena

Vida longa ou vida breve, não sabemos qual nos espera. Tanto mais que nem sabemos bem o que venha a ser vida longa, se de 40, 60 ou 90 anos. Na verdade, o importante não é ter vida longa, se essa longa vida for vida vazia e fútil. Importa mesmo é viver vida plena de sentido, ainda que breve de poucos anos.

Para viver vida plena, a receita é simples, basta viver intensamente cada instante, dando-lhe sentido de eternidade, sem se deixar levar inconsciente pelo fluxo das horas. Basta fazer de cada momento opção pelo amor, pela verdade e pela beleza, escolha de Deus como sentido e objetivo do caminhar, tomada de posição em favor do ser humano logo abaixo dele.

Vida longa ou vida breve, não sabemos qual nos espera. Se for longa, que seja plena, de muitos anos e de muito sentido. Se for breve, seja rica de luz como gota de orvalho, por um instante feita estrela na folha de relva.

Não deixe que roubem
sua alegria

Se nesses dias tantos se iludem à procura da alegria, não permitamos que ela nos seja roubada. Nem pelos que endeusam os excessos, nem pelos que esquecem que Deus é alegre e nos quer alegres.

A alegria é dom divino que precisa ser cultivado com atenção e cuidado, pois facilmente definha. Precisa do amor-caridade, da convivência na paz, e de muitas outras coisas que você sabe. Tem de ser manifestada de maneira clara e sem trapaça, do melhor jeito de cada um. Não é ideia abstrata, mas se encarna em cores, luzes e sons, em ritmos, harmonias e silêncios. É atitude de vida que se diz com palavras e gestos, com sorrisos e passos de dança. Sem ser reza é forma de oração, como a que se fez na casa paterna quando o filho voltou.

Você e eu o sabemos: cada um tem seu jeito de ser alegre e de o mostrar para alegria dos outros. Seja alegre de seu jeito. Mas não deixe que lhe roubem a alegria.

Diante de um novo ano

Como passa logo o tempo, cada vez mais rápido. Mas não importa se o tempo escorre por entre nossos dedos, desde que o vivamos intensamente. Até que ponto aproveito bem o tempo que passa? Que sobra em minhas mãos?

Tenho diante de mim todo um tempo em branco, onde posso escrever o que quiser. O estilo nem importa, desde que escreva o que vale a pena. Não sei qual será o enredo dos dias e meses, as surpresas que terei, mas sei que em tudo, se quiser, poderei pôr alegria, amor e paz.

Quando saímos de viagem todos dizem: "Vá com Deus". É o que lhe digo e peço que também me diga. Que vamos com Deus, e o caminho será sempre aberto e iluminado, e avançaremos sempre, ainda que, de vez em quando, enxugando o suor. E, se por acaso, a tarde chegar antes do fim do caminho imaginado, não faz mal. Diremos apenas "ficai conosco, Senhor, pois o dia já termina".

Já ou ainda

Não sei se já estamos no meio do ano, ou ainda estamos no meio do ano. Talvez dependa um pouco da idade. Se vivemos intensamente, o tempo passou rápido, tantas coisas pudemos fazer, e para algumas talvez nem sobrou tempo.

De qualquer modo, meio de ano é oportunidade para pensar um pouco no uso que fazemos do tempo. Os antigos insistiam muito nisso. Houve até santo que fez voto de não perder nenhum momento. Não sei você, mas eu não tenho coragem para esse compromisso. Nem será preciso, basta que saibamos dosar devidamente nossos descansos, trabalhos e estudos, nossos momentos de oração e de ocupações diárias, tendo também a sabedoria de perder tempo no convívio fraterno e familiar.

Ainda temos meio ano pela frente, se for o caso podemos aproveitá-lo mais do que o fizemos na primeira metade. É sabedoria antiga que bem poderíamos recuperar.

Gente de casa

Os filhos de Afonso

Primeiro de agosto é festa de Santo Afonso de Ligório. Viveu de 1696 a 1787, marcou sua época, deixou muitas obras escritas. Mas, principalmente, deixou a Congregação dos Missionários Redentoristas, padres, diáconos e irmãos, que se dedicam ao apostolado popular. Hoje são em torno de cinco mil no mundo, espalhados por toda a parte. No Brasil, somos perto de seiscentos missionários, dedicados à pregação de missões populares, ao trabalho em paróquias e igreja próprias, imprensa, rádio, televisão e santuários.

Hoje, queremos louvar a Deus por Afonso e pelos missionários que espalhou pelo mundo. E esperamos que você, que nos lê, una-se a nossa oração, pedindo que o Senhor nos faça discípulos e missionários como ele nos quer. Se gosta de nosso trabalho, peça também que o Senhor chame muitos a se unir a nós no trabalho pelo Reino.

Meu confrade São Geraldo

Se apresentasse a Geraldo uma cesta cheia de adjetivos, para ele escolher um que mais o caracterizasse, tenho certeza de que escolheria "pequeno". É isso mesmo. Geraldo humilde, que se queria fazer quase invisível.

Mas que caiu nas graças do povo simples de seu tempo, e hoje é mais conhecido que muito santo importante. Os roceiros, que o conheceram, souberam contar sua bondade nas histórias de tantos e tantos milagres. Todos girando em torno de coisas simples do dia a dia.

Lembrando o empregado doméstico e depois alfaiate, nós, missionários redentoristas, estamos pensando o que Deus espera de nós nestes tempos de agora. Que nosso pequeno Irmão São Geraldo nos ajude a discernir os caminhos do futuro, e consiga para nós um pouco de sua coragem simples e alegre.

Um santo moderno

Dia 1° de agosto lembramos Afonso de Ligório. Ele viveu entre 1696 e 1787, muitos anos, cheios de trabalhos e iniciativas. Como padre e bispo, ajudou muitos no caminho do evangelho. No momento, porém, penso mais no como foi homem de seu tempo, informado dos pensamentos e participando dos debates, não só em sua Itália.

Queria anunciar Jesus de modo compreensível para seu tempo. E usando os melhores meios disponíveis. Por isso usou a imprensa e escreveu muitíssimos livros. E queria que fossem muito bem impressos, com tipos do melhor desenho e papel de qualidade.

Fico pensando. Se ele estivesse hoje entre nós, seus missionários redentoristas, que novas ousadias ele nos haveria de propor?

Nós e vocês temos de aprender com ele: colocar a serviço do evangelho os melhores meios disponíveis. Mas sempre sabendo que, em última análise, o que decide é a graça divina.

Um cantor de Maria

Em 1750, na Itália, Santo Afonso Maria de Ligório publicou um livro, um dos mais lidos sobre Nossa Senhora: "As glórias de Maria". Era o resultado de longos anos de oração e de pregações sobre a mãe de Jesus. Afonso fala do quanto Maria foi amada e agraciada por Deus, e de seu poder ao interceder por nós. Mas, principalmente, convida-nos a imitar sua vida e suas virtudes.

Leva-nos a admirar Maria e a amá-la, a ter confiança em seu poder junto de Jesus. Ensina uma devoção esclarecida, baseada na fé. Devoção sem sentimentalismos, mas também sem a frieza estéril do intelectualismo árido. Devoção que nos leva a ver em Maria a mãe que Jesus nos deu na cruz, mas também a irmã que, como nós, tudo recebeu da graça misericordiosa de Deus.

Faz tempo, bastante tempo

Dia doze de outubro é a festa de Nossa Senhora Aparecida, festa que já foi celebrada em maio e depois em setembro. Boa oportunidade para lembrar que, desde 1894, os Missionários Redentoristas estão aqui recebendo os romeiros que de toda a parte chegam ao Santuário Nacional.

Foi em outubro daquele ano que vieram da Alemanha doze redentoristas, seis Padres e seis Irmãos. Poucos dias depois, praticamente sem saber falar nossa língua, já estavam procurando atender aos peregrinos. De lá para cá, com acertos e sem dúvida com erros, foram moldando o perfil do santuário. Ampliaram o atendimento, criaram o semanário "Santuário de Aparecida", depois a Editora Santuário, depois a Rádio Aparecida, depois a TV Aparecida. Tudo com o apoio dos romeiros que foram chegando cada vez de mais longe e mais numerosos.

Lembro isso para pedir que orem sempre por nós, pedindo que Nossa Senhora Aparecida continue a nos abençoar, para poder servi-los cada vez mais.

Mestre da vida espiritual

Santo Afonso de Ligório (1696-1787), fundador dos Missionários Redentoristas, é grande mestre de vida espiritual. Falou e escreveu muito para nos ajudar a crescer na união com Deus. Penso que podemos colocar dois pontos como centrais de sua doutrina.

– Deus ama-nos imensamente e enviou seu Filho para viver conosco e ensinar-nos o caminho. Diante de tanto amor, só nos resta amá-lo com o maior amor de que somos capazes.

– Nosso amor a Deus é verdadeiro e não apenas um sentimento se em tudo fazemos sua vontade. Ou melhor: se em tudo só queremos o que ele quer. Não nos resignamos a sua vontade, mas, unidos a ele por amor, nós nos identificamos com seu pensamento e sua vontade.

Que Santo Afonso nos ajude nesse caminho de felicidade.

Foi importante para nós

Em 15 de março falecia em Viena, na Áustria, o Pe. Clemente Hofbauer, aos 69 anos. Ele é importante para os Missionários Redentoristas, porque foi graças a seu esforço teimoso que a Congregação saiu da Itália e espalhou-se pelo mundo todo. Não vou falar de suas virtudes.

Lembro apenas que, primeiro na Polônia e depois na Áustria, ele procurou, com o apoio de seus coirmãos redentoristas, anunciar o Evangelho de um modo compreensível para seu tempo. Falou ao povo, a universitários, literatos e artistas, e também cuidou da educação de crianças e aprendizes. E, porque não aceitava limites, tudo fez para espalhar os missionários redentoristas pela Europa, depois pelas Américas. Podemos até dizer que pelo esforço de São Clemente Hofbauer é que, desde 1894, eles estão aqui no Santuário de Nossa Senhora Aparecida.

Um mestre da oração

Dia primeiro de agosto é a festa de Santo Afonso de Ligório (1696-1787), fundador dos Missionários Redentoristas. Podemos dizer que foi um grande mestre de oração, que ocupava oito horas de seu dia. Repetia sempre que "quem ora se salva, quem não ora se condena". Em suas muitas obras voltava sempre ao tema.

E insistia que na oração, em vez de procurar muitas palavras, déssemos atenção especial aos atos de amor, de obediência e de entrega nas mãos de Deus. Porque, dizia, a oração deve ser encontro e diálogo de amor com nosso Deus que tanto nos ama. Para despertar o amor, recomendava a meditação sobre o amor que Deus nos demonstra, a paixão e morte de Jesus.

Ensinava que Deus sempre nos dá a graça da oração. Se oramos e lhe pedimos, haverá de nos dar todas as outras graças necessárias para nossa salvação.

Se queremos aprender a orar, Santo Afonso poderá ser um bom mestre para nós, porque nos fala a partir de sua experiência de vida.

Índice

Apresentação.. 3

Natal.. 9
Recuperando o espanto................................. 10
Bom Natal para você..................................... 11
Meu presente de Natal 12
Cristo está sempre chegando.......................... 13
O presente que eu quero 14
Céus e terra encontraram-se........................... 15
Armou sua tenda entre nós 16
Natal, mais do que uma festa.......................... 17
Diante de seu presépio 18
Diante do presépio escuro 19

Deus que nos ama 21
Como se fosse mãe.. 22
Um coração como o nosso 23
O coração humano de Deus............................ 24
Deus ama como nós...................................... 25
Coração da humanidade................................. 26
Nosso bom Jesus 27
Jesus sempre entre nós 28
Ele está no meio de nós 29
Com o coração humano.................................. 30

Chamados para amar 31

Carnaval de Deus 32

Quaresma e Paixão 33

Com Cristo seremos os vencedores da morte 34

Quaresma, tempo de renovação 35

Morrer para viver 36

Cinzas: tristeza ou renovação? 37

Quaresma para pensar 38

Que não sejam cinzas inúteis 39

Ele não nos pede compaixão 40

Carnaval e Cinzas 41

Nossa Semana Santa 42

Quaresma, tempo de crescer 43

As estações da vida 44

Quaresma para mudar 45

A vida no giro de uma semana 46

Páscoa 47

A ressurreição de cada dia 48

A vida com gosto de Páscoa 49

Mensageiros da vida nova 50

Jesus o que vive e nos faz viver 51

A maior festa cristã 52

Bom dia, Jesus está vivo! 53

Ressuscitados para vida nova 54

Páscoa, festa da vida 55

Maria e José 57

Aquela tarde diferente 58

Estrela do mar 59

Se os três pescadores vissem 60

Maria, a cuidadosa 61

Maria, a mulher feliz 62

Quanta coisa mudou 63

A dor de Maria na morte de José 64

Eles vêm à casa da mãe 65

Com minha Mãe estarei 66

Maio de Maria 67

E o anjo retirou-se 68

Nossa Senhora Aparecida 69

Senhora, está na hora de ajudar! 70

Maria e as mães 71

Um mês para a Mãe 72

A rainha diferente 73

Seu nome era José, o justo 74

As alegrias de José 75

Foi na casa do carpinteiro 76

Vó Ana, vô Joaquim 77

Unidos para sempre 79

Dia de saudade e de esperança 80

Meus santos esquecidos 81

Santos de minha devoção 82

Quando for o reencontro......................................83

Nossa vida é para sempre................................84

Eram santos e não sabiam................................85

Encontro marcado..86

Festa dos que vivem 87

Sempre temos companhia..................................88

Saudade do futuro 89

Viver 91

A humilde sabedoria das férias 92

Quando tudo parece tão difícil 93

Quando tudo parece tão igual............................94

Não deixe de ver a primavera 95

Qual a cor do cristianismo? 96

Romagem da vida 97

A primavera que prefiro 98

Quando vem a chuva..99

Começar, acabar, recomeçar............................100

Se Deus quiser 101

O louvor da festa..102

Uma estrada a minha frente 103

Pode ser primavera 104

Na alegria da esperança 105

De mãos dadas com Deus.................................106

Os caminhos da vida 107

Olhando para mais longe..................................108

A vida está nos dias de semana 109

Temos de sempre recomeçar 110

Meio do ano, meio da vida 111

É sempre tempo de recomeçar 112

A passagem para a vida 113

Parar para avançar 114

Ano Novo — Bom ano 115

Tempo passa e não é passatempo 116

Vida longa ou vida plena 117

Não deixe que roubem sua alegria 118

Diante de um novo ano 119

Já ou ainda.. 120

Gente de casa 121

Os filhos de Afonso.. 122

Meu confrade São Geraldo 123

Um santo moderno 124

Um cantor de Maria.. 125

Faz tempo, bastante tempo............................... 126

Mestre da vida espiritual 127

Foi importante para nós 128

Um mestre da oração.. 129

Este livro foi composto com as família tipográfica Palatino Linotype
e impresso em papel offset 70 g/m² pela **Gráfica Santuário**.